역사를 바꾼 톡톡 과학 이야기

글 하늘매발톱 그림 이우일

주니어랜덤

 머·리·말

과학이란 무얼까요?

　자동차나 텔레비전, 혹은 휴대전화의 작동 원리를 알아내는 일? 혹은 지구가 일정한 궤도로 태양 주위를 도는 비밀을 풀어 내는 일?
　물론 그런 일 모두 과학의 영역에 속하는 일입니다. 그런데 왠지 지루하고 따분해 보이지 않나요?

　그래요. 그런 일들이 과학의 전부라고 한다면 과학은 어렵고 복잡하게만 보일 거예요. 하지만 그게 다가 아니지요. 과학은 늘 우리 주위에 있는 일입니다. 숨을 쉬는 것에서부터 물 한 모금 마시는 일까지, 평상시 아무 생각도 없이 당연하게 하던 그 모든 일에도 과학의 원리와 신비가 숨어 있으니까요. 지금 이 순간, 이 책을 읽느라 깜빡이는 여러분의 눈 속에도 과학의 신비로운 원리는 작동하고 있답니다.

　그렇게 친근하고 단순한 듯이 보이는 과학의 원리는 우리 생활에 편리를 제공해주고, 나아가 때로는 역사를 바꾸고, 인류에게 큰 영향을 미치기도 합니다. 실제로 볼록거울의 아주 단순한 과학 원리 하나로 거대한

　로마제국의 군대를 물리친 노인(아르키메데스)이 있었는가 하면, 역사 속의 명장 한니발은 식초로 바위를 깨고 적진을 향해 진격하기도 했습니다. 날이 가물어 물이 없을 때는 소리로 비바람을 일으키는 부족이 있는가 하면, 자살하려는 돌고래를 아름다운 음악으로 구한 경우도 있습니다.

　어찌 보면 한낱 만들어 낸 동화처럼 들릴 테지만, 실은 그 뒤에는 아주 정밀하면서도 커다란 과학 원리가 숨쉬고 있다는 것을 알 수 있답니다. 뿐만 아니라 이 책에는 쓰레기로 얼음을 녹이고 남극에서 탈출한 이야기와 금자를 감쪽같이 녹였다가 손끝 하나 대지 않고 다시 원래대로 만들어 놓았다는 이야기, 그리고 더 흥미진진한 역사 속의 과학이야기가 들어 있습니다. 그 이야기들을 과학 원리와 함께 이해한다면, 멀지 않아 어쩌면 우리가 역사 속의 주인공이 될지도 모릅니다.

　그러나 기억해 두세요. '과학은 아주 사소한 곳에서 시작한다' 는 것을 말이에요. 바로 그 점이 이 책에 담긴 모든 이야기의 공통점이랍니다.

2006년 3월 하늘매발톱

차례

북극 바다의 거대한 산맥이 녹아 내리다 _ 8

죽어도 죽지 않는 부활의 비밀 _ 16

자살하는 돌고래 떼를 구한 단 한 가지 방법 _ 25

식초로 뚫은 로마 정복길 _ 34

마술 같은 연금술도 과학이다 _ 42

손가락이 푸른 자가 범인이다 _ 52

길 잃은 바다에선 구름이 길잡이 _ 62

소리로 비바람을 부르다니 _ 70

방 안에 내린 눈 _ 76

녹색 총알을 쏜 범인 _ **82**

성문 돌파 칼싸움의 과학 _ **90**

로마의 무적함대, 거울에 무너지다 _ **99**

얼음으로 불을 만들다 _ **105**

쓰레기 때문에 살아난 탐험대 _ **111**

나무야 나무야 밥만큼 중요한 나무야 _ **118**

우주선에서는 누구나 키다리 _ **126**

사느냐, 죽느냐 - 현미와 흰쌀의 차이 _ **135**

구멍 난 뱃속 관찰 _ **142**

영국인들은 정말 시체를 파헤쳤을까 _ **149**

어, 여름이 어디로 갔지? _ **156**

폼페이 최후의 날 _ **164**

기온과 빛의 굴절  신기루에 대한 이해

캐나다

그린란드 해

그린란드

북극 바다의
거대한 산맥이 녹아 내리다

"대체 크로커 랜드는 어디에 있는 거야?"

"글쎄 말이야. 벌써 몇 달째 탐사중인데 크로커 랜드는커녕 비슷한 산도 없으니 혹시 탐험대장님이 잘못 알고 계신 것은 아닐까?"

"틀림없이 뭔가 잘못 됐어. 이젠 연료와 식량도 다 떨어져 가니 대장님께 돌아가자고 해야겠어."

　1913년 봄이었습니다. 미국의 한 탐험대가 북극 바다 한가운데서 몇 달째 무언가를 찾으며 방황하였습니다. 하지만 찾는 것은 발견되지 않았고 선원들은 지치기 시작했습니다. 그들은 집으로 돌아가고 싶은 생각이 간절했습니다.

　이들은 무엇을 찾았던 것일까요? 대체 크로커 랜드란 게 무엇일까요?

　북극 바다에 탐사선을 보낸 것은 미국의 한 박물관에서 한 일입니다. 그 박물관에서는 바로 일 년 전에 아주 특별한 기록을 발견했습니다. 그것은 로버트 피어리라는 최초의 북극 탐험대 요원이 쓴 일기였습니다.

　우리는 탐험 도중 북극에 펼쳐진 아름다운 산맥을 발견했다. 그런데 곧 그 산맥이 어느 나라의 지도에도 나와 있지 않고, 어느 탐험대도 발견하지 못했던 새로운 산임을 알았다. 우리는 얼음으로 뒤덮인 그 아름다운 북극 한가운데의 산맥을 '크로커 랜드'라고 부르기로 했다.

　크로커 랜드는 정말로 지도에 있지 않은 이름이었습니다. 아니 피어리가 말한 산맥은 북극에 대해서 잘 아는 사람들조차도 알지 못했습니다.

　"북극에 크나큰 산맥이 있다고요? 설마……."

　"아, 그럴지도 모르죠. 아직 북극에 대해 정체를 완전히 파악한 사람은 없으니까요."

　사람들 중 반은 믿었고, 나머지 반은 믿지 않았습니다.

북극 바다의 거대한 산맥이 녹아 내리다 | 9

　박물관에서는 바로 이 '크로커 랜드'라고 불리는 산맥의 실체를 찾아야겠다고 결정하고 급히 탐험대를 보낸 것입니다.
　하지만 탐험대는 북극 바다를 돌아다닌 지 여러 달이 지났는데도 '크로커 랜드'를 찾지 못했습니다. 탐험대원들의 불만은 높아 갔습니다.
　"거짓말입니다. 크로커 랜드는 없어요."
　"맞아요. 피어리가 자신의 업적을 부풀리려고 거짓말을 한 거예요."

대원들은 그런 말을 하며 탐험대장에게 미국으로 돌아가자고 요구했습니다.

"아닙니다. 피어리는 거짓말을 할 사람이 아니에요. 다시 한 번 찾아봅시다."

탐험대장은 난동을 일으키려는 대원들을 겨우 진정시키고 항해를 계속했습니다. 하지만 가도 가도 얼음으로 뒤덮인 황무지만 계속될 뿐 크로커 랜드는 나타나지 않았습니다.

결국 탐험대는 애초에 처음 북극 바다로 들어왔던 바로 그 지점으로 되돌아왔습니다. 사실 피어리는 그 지점에 크로커 랜드가 있다고 말했던 것입니다.

하지만 크로커 랜드는 보이지 않았습니다. 이젠 탐험대장도 포기하는 수밖에 없었습니다.

"좋습니다. 이젠 포기하겠습니다. 서쪽으로 항로를 바꾸어 서서히 돌아갑시다."

탐험대장은 명령을 내렸습니다. 그리고 서쪽으로 나아갔습니다.

그러던 어느 날이었습니다.

"대장님, 크로커 랜드를 발견했습니다."

지쳐서 선실 바닥에 엎드려 있던 탐험대장에게 한 대원이 급히 달려와 말했습니다.

"뭐, 뭐라고요? 그게 정말이에요?"

탐험대장은 놀라며 배의 갑판 위로 달려 올라갔습니다. 배의 갑판에는 이미 수많은 대원이 한쪽에 몰려서서 무언가를 바라보았습니다. 탐험대장도 천천히 다가갔습니다.

과연 눈앞에는 커다란 산맥이 그들을 가로막고 있었습니다. 애초에 탐험가 로버트 피어리가 말한 지점으로부터 무려 300여 킬로미터나 서쪽으로 더 떨어진 지점에 있다는 것이 의심스럽긴 했지만 피어리가 말한 그 산맥임에 틀림이 없었습니다.

"저것이 바로 크로커 랜드요. 서둘러 닻을 내리고 해안 가까이 접근하시오."

대원들도 그간의 불만을 잊고 눈앞에 아름답게 펼쳐진 크로커 랜드를 바라보았습니다. 크로커 랜드는 마치 다이아몬드 같은 보석을 박아 놓은 것처럼 찬란하게 빛났습니다. 그 아름다움에 대원들은 한동안 넋을 잃고 쳐다보기만 했습니다.

"우선 대원들 중에서 저 산을 탐사할 선발대를 조직하겠소. 자진해서 나를 따

이거 알면 더 재미있어요

로버트 피어리

로버트 피어리는 미국에서 태어났으며, 해군 출신으로 토목기사였습니다. 니카라과 운하의 조사대장을 지냈던 피어리는 1886년 그린란드를 탐험하였고, 최초로 북극을 탐험했습니다. 그는 1909년 4월에 처음으로 북극점에 도달한 이후 여러 차례 북극을 탐험하여 빙하의 형성 과정을 밝혀내기도 했습니다. 자신의 이런 모험을 기초로 하여 〈거대한 얼음을 넘어 북쪽으로〉, 〈북극에 가까이〉라는 책을 쓰기도 했습니다. 한때는 탐험대원 F.A.쿠크가 가장 처음 북극점에 도달한 것으로 알려졌으나, 나중에 피어리가 먼저 탐험한 것이 입증되었습니다.

를 사람은 앞으로 나오시오."

 탐험대장이 그렇게 말하자 대원들은 너도나도 손을 들었습니다. 아름다운 산에 직접 가보고 싶은 욕심 때문이었습니다.

 하는 수 없이 탐험대장은 약간의 대원만 배에 남겨두고 20여 명의 대원을 이끌고 크로커 랜드를 향해 걷기 시작했습니다.

 "대장님, 가까이 갈수록 크로커 랜드가 더 아름다워지는 것 같습니다."

 "네, 정말 무슨 보석이 빛을 내는 것 같아요. 저 산에는 틀림없이 희귀한 것들이 많을 거예요."

 대원들은 저마다 희망에 부풀어 크로커 랜드를 향해 힘차게 발걸음을 내디뎠습니다.

 그런데 얼마의 시간이 지났을까?

 재빠르게 걸었지만 크로커 랜드를 코앞에 두고 서서히 해가 졌습니다.

 "대장님, 해가 지는데 어쩌죠?"

 "음. 일단 이곳에서 야영을 합시다. 그리고 내일 아침 일찍 크로커 랜드로 올라갑시다."

 탐험대원들은 곧 짐을 풀고 텐트를 치기 시작했습니다. 그런데 바로 그때였습니다. 크로커 랜드를 보던 한 대원이 느닷없이 외쳤습니다.

 "사, 사라진다. 크로커 랜드가 녹아 없어진다!"

 대체 무슨 엉뚱한 말일까요? 탐험대장과 대원들은 즉시 소리친 대원이 가리킨 쪽을 바라보았습니다.

아아, 정말 도대체 무슨 조화일까요? 방금 전까지만 해도 눈앞에서 아름다운 모습을 뽐내듯 드러내던 크로커 랜드가 서서히 녹아 없어지는 것이 아닙니까?

"저, 저럴 수가……."

"그렇다면 저것은 신기루였단 말인가?"

그랬습니다. 그것은 신기루였습니다. 해가 완전히 지자, 크로커 랜드가 있던 자리에는 광활한 얼음 황무지만이 넓게 펼쳐졌습니다.

"아아, 이럴 수가. 우리가 몇 달 동안 찾던 것이 고작 신기루였다니……."

탐험대장은 그 자리에 주저앉고 말았습니다.

결국 탐험가 피어리가 보았다는, 그리고 다른 탐험가들도 목격했다는 크로커 랜드는 신기루였던 것입니다. 그들은 진짜 존재하는 북극의 산맥을 보았던 것이 아니고, 기온 차이 때문에 생기는 신기루를 보았던 것입니다.

어떻게 이런 일이?

신기루와 환상은 어떻게 다를까?

신기루란 실제로는 아무 것도 없는데 착시현상이나 자연현상의 변화 등에 의해 마치 있는 것처럼 보이는 현상을 말합니다. 어찌 보면 우리가 흔히 말하는 환상과 비슷한 현상인데, 환상은 사람에게 정신적 이상이 생겨 헛것이 보이는 현상이고, 신기루는 목격한 그 장소에는 실제로 물체가 없지만 다른 곳에 있는 물체가 빛의 장난, 이를테면 공기가 거울 역할을 하여 왜곡·굴절의 과정을 거쳐 눈앞에 있는 것처럼 나타나는 현상입니다. 옛날에 사막을 가로질러 다니면서 장사를 하던 사람들이 종종 경험했던 현상으로, 사막 한가운데에 시원한 오아시스가 눈에 선명하게 나타나 혼란을 준 일이 많았다고 합니다. 이런 신기루 현상은, 땅이 태양열에 의해 가열되어 기온이 올라갈 때 위 아래로 일정하지 않은 층을 이루며 다르게 되어 나타납니다.

위아래의 기온이 다르면 공기의 밀도도 다르게 나타나는데, 이렇게 밀도가 다른 공기가 서로 만나는 부분에서 빛의 굴절이 일어납니다. 바로 이 굴절현상 때문에 공기는 거울의 역할을 하게 되고, 아주 먼 곳의 물체가 공기 거울을 통해 보이게 되는 것입니다. 그래서 이때 보이는 현상은 환상처럼 전연 없는 것은 아니고 어느 곳인지는 몰라도 실제로 존재하는 것이랍니다.

이런 현상은 수평 방향으로 기온 차가 심할 때, 즉 공기의 밀도 차가 클 때 잘 나타납니다.

기록으로 보면, 프랑스 해안에 머물던 배가 도버 해협을 건널 때 영국의 해안에서 신기루를 종종 볼 수 있었다고 합니다.

여러분도 경험해 본 적이 있을 거예요. 여름에 버스를 타고 아스팔트길을 달릴 때 앞쪽을 보면 비가 와서 물이 고인 것처럼 보이지요. 그래서 소나기라도 한 줄기 내린 줄 알지만 막상 실제로 가보면 뜨거운 아스팔트만 그대로 있어요. 이것 역시 아스팔트가 태양열로 뜨거워져 그 부분의 기온이 올라가 위쪽 공기와 밀도 차이가 생겨 나타나는 것인데, 이것을 가수 현상이라고 합니다.

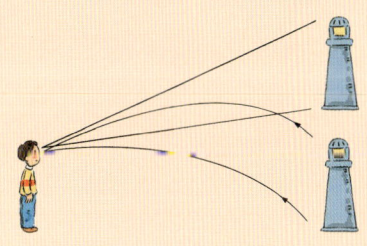

부력의 이해　바닷물에서 몸이 더 잘 뜨는 이유

죽어도 죽지 않는 부활의 비밀

　127년, 로마제국이 유럽을 휩쓸던 때의 일입니다.
　유럽 땅 절반을 차지하고도 욕심을 버리지 못한 로마제국의 군대는 기어코 중동 지역을 침략했습니다.
　루빈스타 장군은 병사들을 이끌고 먼저 지금의 요르단 땅을 향해 진군했습니다.

"병사들은 진격하라! 로마군에게 후퇴는 없다!"

로마제국의 군대는 쉴 새 없이 전진했습니다. 그들은 패배할 줄 몰랐고 루빈스타 장군은 중동지역 곳곳에 로마제국의 깃발을 꽂았습니다.

루빈스타 장군의 로마군은 '죽은 바다(사해)' 가까이에 다다랐습니다. '죽은 바다'는 말 그대로 아무 것도 살지 못하는 바다였습니다. 바다 속에는 물고기가 살지 않고, 바다 주변에는 풀 한 포기 나지 않았습니다. 아무도 그 이유를 몰랐습니다. 사람들은 이 무서운 바다를 '죽은 바다'라고 불렀고 웬만해서는 그 근처에 얼씬도 하지 않았습니다.

그토록 용맹하다는 병사들 중에도 이 바다를 두려워하는 병사들이 있었습니다.

"장군님, 죽은 바다를 피해 가십시오. 죽은 바다를 건너다가 목숨을 잃은 사람이 한둘이 아닙니다. 한 번 들어가면 나오지 못한다고 합니다."

하지만 루빈스타 장군은 무서워하지 않았습니다.

"하하하. 우리는 로마제국의 군대다. 죽은 바다가 아무리 무서워도 나는 건너고 말 것이다!"

루빈스타 장군은 자신 있게 말하며 배를 타고 바다를 건널 시간을 기다렸습니다. 그런데 그때, 한 병사가 달려와 보고했습니다.

"장군, 배가 모자랍니다. 배를 더 만들어야 합니다."

"뭣이? 배가 모자란다니? 로마를 떠나올 때까지만 해도 넉넉하지 않았느냐? 그런데 그 사이에 우리 병사들이 더 늘어났을 리가 없는데 어찌 모자란단 말이냐?"

실제로 로마를 떠나 지금까지 수십 차례 전투를 치르면서 죽은 병사도

많아 오히려 병사들의 숫자가 줄면 줄었지 늘어났을 이유는 없었습니다. 그런데 배가 모자란다니?

병사가 대답했습니다.

"포로 때문입니다. 그 동안의 전투에서 생포한 포로가 수백 명이 넘습니다. 장군님, 차라리 죽은 바다를 피해 돌아가시는 것이 어떻겠습니까? 병사들이 두려워합니다."

"그럴 수는 없다. 죽은 바다만 건너면 곧바로 우리의 공격 목표가 있는데 어찌 돌아간단 말이냐."

루빈스타 장군은 말도 안 되는 이야기라고 생각했습니다. 왜냐하면 죽은 바다를 건너면 목표 지점에 하루면 도착하지만 돌아간다면 일주일도 더 걸릴 것이었기 때문입니다.

하지만 걱정이 아닐 수 없었습니다. 바로 포로 때문이었습니다.

'으음. 전투에서 이긴데다가 많은 포로를 잡아 기뻐했는데 좋아할 일만은 아니로구나. 어쩐다?'

루빈스타 장군은 여간 고민이 아니었습니다. 포로를 데리고 다니자니 배가 모자랄 뿐만 아니라 이동이 느리기 때문입니다.

'음. 하는 수 없다.'

무슨 생각을 한 것일까요? 루빈스타 장군은 혼자서 고개를 끄덕이더니 이내 부하 몇을 불렀습니다. 그리고 은밀한 목소리로 명령했습니다.

"너희들은 포로들을 싣고 먼저 '죽은 바다'를 건너라. 그리고 죽은 바다 한가운데에 이르거든 포로들을 그 바다에 빠뜨려라!"

루빈스타 장군은 하는 수 없다고 생각했습니다. 포로까지 데리고 이동하려면 많은 시간이 걸릴 것이고, 식량도 금방 떨어질 것이 분명했기 때문입니다.

이윽고 다음 날 아침, 아랍인 포로들을 실은 배가 먼저 죽은 바다로 나아갔습니다. 그 배는 캄캄한 밤 무렵, 죽은 바다의 한가운데에 도착했습니다.

"병사들은 들으라. 아랍인 포로들을 바다에 빠뜨려라!"

배가 죽은 바다 한가운데에 이르렀을 때, 한 지휘관이 명령했습니다. 그러자 로마 병사들은 아랍인 포로들을 손발을 묶은 채 바다에 빠뜨렸습니다.

"아아아악!"

손발이 묶인 채로 아랍인 병사들은 물에 빠졌습니다. 그러고는 마침 밀어닥친 파도에 휩쓸려 바다 어디론가 사라져 버렸습니다.

그로부터 며칠 뒤, 루빈스타 장군은 자신의 군사들을 이끌고 죽은 바다를 건넜습니다.

하늘도 루빈스타 장군을 도우려는지 바다는 잔잔했습니다. 바람이 적당히 불어 배는 무사히 다음 공격 지점에 상륙했습니다.

"병사들은 들으라. 하늘은 우리 편이다. 내일은 또 다른 나라를 정복할 것이니 오늘은 실컷 마시고 쉴 것이로다."

루빈스타 장군의 외침에 로마 병사들은 환호성을 지르며 좋아했습니다.

바로 그날 밤이었습니다. 로마제국의 병사들은 술과 고기를 먹고 깊은 잠에 곯아떨어졌습니다. 루빈스타 장군 역시 모처럼 달콤한 잠에 빠졌습니다.

그런데 새벽 무렵, 루빈스타 장군은 누군가 거칠게 흔들어 깨우는 바람에 눈을 떴습니다.

"웬 놈이냐!"

루빈스타 장군은 짜증을 내며 소리치고는 몸을 일으켰습니다. 그러나 다음 순간, 루빈스타 장군은 너무나 놀라 몸을 움츠렸습니다. 자신의 목에 시퍼런 칼이 겨누어진 것입니다.

"아니, 네놈들은……."

루빈스타 장군 앞에는 수십 명의 아랍 병사가 칼을 빼들고 서 있었습니다.

"흐흐흐. 우리를 기억하겠느냐?"

"이럴 수가. 너희들은 며칠 전 나의 병사들이 죽은 바다에 빠뜨린 그 병사들 아니냐? 설마 귀신……."

그랬습니다. 분명 그 아랍 병사들은 손발이 꽁꽁 묶여 바다에 떨어진

루빈스타 장군

루빈스타 장군은 로마의 히드리아누스 황제가 믿는 장군 중의 하나였습니다. 황제의 명령에 따라 중동지역 정복에 나선 루빈스타 장군과 로마 병사들은 용맹스러웠지만 포로와 적군에게 매우 잔인했습니다. 로마군의 위용을 떨쳐서 적군이 그 이름만 들어도 달아나도록 하려는 목적이었습니다. 그러나 그들은 사해에서 잔인하게 물에 빠뜨려 죽인 아랍 병사들에게 오히려 공격을 당해 참패했습니다.

포로들이었습니다.

"하하하. 그렇다. 우린 네가 죽인 바로 그 병사들이다. 하지만 네놈에게 복수를 하려고 이렇게 살아 돌아오지 않았느냐."

"아아, 어찌 이런 일이……."

루빈스타 장군은 믿을 수가 없었습니다. 손발을 꽁꽁 묶었으므로 헤엄을 칠 수도 없었을 텐데 어떻게 이들이 살아 돌아왔단 말인가. 더구나 죽은 바다는 물고기는 물론이요, 풀 한 포기 자라지 못하는 저주받은 바다가 아니던가. 그래서 사람들도 피해 간다는 죽은 바다에서 어떻게…….

루빈스타 장군은 바깥으로 끌려나왔습니다.

바깥은 더 아수라장이었습니다. 수많은 로마 병사가 잠든 채로 죽었고, 그나마 목숨을 건진 병사들은 손발이 묶인 채 한쪽에 붙잡혀 있었습니다.

잠시 후, 아랍 병사들의 대장이 외쳤습니다.

"여봐라! 루빈스타를 단칼에 처형하라! 루빈스타의 목을 죽은 바다에

이거 알면 더 재미있어요

사해(죽은 바다)

사해(죽은 바다)는 면적 1,020㎢, 동서길이 15km, 남북길이 약 80km, 최대깊이 399m, 평균깊이 146m로 수면이 해면보다 395m 낮은 소금물 호수입니다. 아라비아 반도 북서쪽, 이스라엘과 요르단에 걸쳐 있으며 북쪽에서 요르단 강물이 흘러들지만 빠져 나가는 곳이 없습니다. 이 지방은 기후가 건조하기 때문에 들어오는 물 양과 거의 비슷하게 수분이 증발하여 염분농도가 극히 높습니다. 표면수에서 200‰(해수의 약 5배), 저층수에서는 300‰ 이죠. 따라서 하구 근처외에는 생물이 거의 살지 않으며, 사해라는 이름도 이에 연유한답니다.

띄워 다시는 로마제국의 군대가 우리를 넘보지 못하게 하라!"

결국 루빈스타 장군은 아랍 병사들의 손에 죽고 말았습니다. 그리고 그의 목은 죽은 바다에 던져졌습니다.

그런데 이상한 일이었습니다. 루빈스타 장군의 잘린 목은 썩지도 않고 바다 속으로 가라앉지도 않았습니다. 아무리 바다 속으로 밀어 넣으려고 해도 루빈스타 장군의 목은 곧 다시 떠오르곤 했습니다.

그 때문에 로마제국의 병사들은 한동안 중동 지역을 공격하지 못했습니다. 두려웠던 것입니다.

대체 어째서 이런 일이 생긴 것일까요? 아랍인 병사들은 어떻게 살아날 수 있었을까요?

그 수수께끼는 수백 년이 흐른 뒤에 풀렸습니다.

수수께끼의 해답은 죽은 바다에 있었습니다. 죽은 바다는 다른 바다보다 소금의 농도가 무려 5배나 많은 바다였습니다. 그 때문에 물고기도 살 수 없고, 풀 한 포기도 자랄 수 없었던 것입니다. 그래서 아랍 병사들도 물에 빠지지 않고 둥둥 떠다니다가 해안에 상륙했던 것입니다. 루빈스타 장군의 목도 가라앉지 않았고, 썩지도 않았습니다. 바로 5배나 더 많은 소금 때문이었습니다.

어떻게 이런 일이?

둥둥, 사해에서는 누구나 수영선수

이 이야기를 이해하기 위해서는 '부력'에 대해서 잘 알아야 합니다. 물을 예로 들어 설명해 보지요.
부력이란 어떤 물질이 물보다 중력을 덜 받기 때문에 생기는 현상입니다. 즉 평소에는 물속에 가라앉는 물질도 물에 비해 중력을 덜 받게 되면, 물이 오히려 밑에 깔리고 중력을 덜 받은 물질이 그 위에 뜨는 현상이지요.
중력을 더 받느냐 덜 받느냐는, 질량이나 밀도 같은 것에 따라 결정된답니다. 염분이 많아지면 밀도가 높아집니다. 즉 똑같은 양의 물이라도 염분이 더 들어 있는 물은 중력을 더 받게 되는 것이지요. 밀도가 높아지면 무거운 물체도 밀도에 의해 뜨게 됩니다. 그러한 원리로 사해(죽은 바다)에서는 잠수하기가 힘듭니다. 잠수하려는 사람보다 물이 중력의 영향을 더 받아 사람보다 더 아래로 내려가려는 성질을 갖게 되기 때문이지요. 실제로 강물보다 바닷물에서 수영하기 쉽듯이 밀도가 더 높은 사해에서는 사람이 더 잘 뜹니다.
이야기에 나오는 죽은 바다(사해)는 아라비아 반도 북서쪽에 있는 소금호수로 바다가 육지로 둘러싸인 곳이에요. 그래서 다른 바다와는 달리 지속적으로 물이 흐르지 않고 단지 증발만 합니다. 요르단 강의 작은 물줄기에서 유일하게 물이 공급되지요. 이를테면 흘러 들어오는 물의 양과 증발하는 물의 양이 거의 같은 곳이에요. 게다가 비마저 잘 오지 않는 건조기후이고요. 결국 사해의 염분 밀도는 거의 변함이 없다고 볼 수 있습니다.
이런 까닭에 사해는 일반 바다에 비해 염도가 높습니다. 일반 바다보다 무려 5배나 염분이 많지요. 물에 소금이 많다는 것인데, 그래서 사해 주변에는 소금 결정이 많고 세계적인 소금광산도 있답니다.

아하! 사해는 물이 나보다 무거운 곳이구나? 석두
둘보다 무거운 물이라~!

동물에 대한 이해 　돌고래의 소통 능력

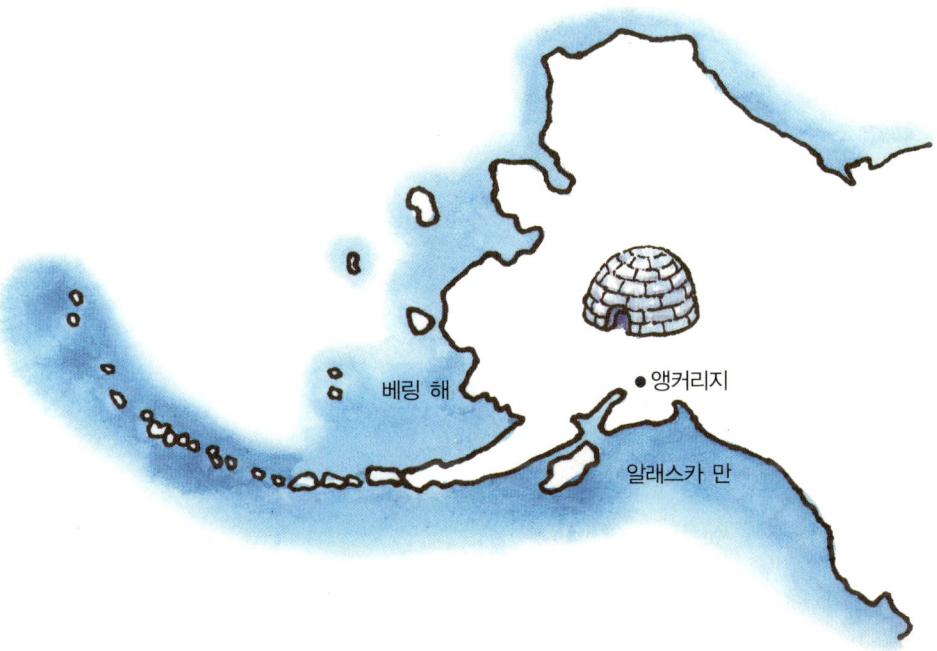

베링 해
● 앵커리지
알래스카 만

자살하는 돌고래 떼를 구한 단 한 가지 방법

1985년 12월 초, 북극 바다 근처인 베링 해에 고기잡이를 하러 나왔던 알래스카 원주민들은 이상한 광경을 목격하였습니다.

"저, 저건 돌고래 떼 아니에요?"

"야아! 정말 장관이군. 이렇게 많은 고래 떼는 처음 보는 걸."

원주민들은 지끔만 북쪽으로 치솟아 올라가는 흰 돌고래 떼를 보고 깜짝 놀랐습니다. 못해도 수천 마리는 될 것 같았습니다.

"세상에……. 저렇게 많은 돌고래 떼가 지금 어딜 가는 거죠?"

"아마 먹이를 쫓아서 이동하는 거겠지. 지금이 마침 대구가 많은 때이니까 말이야."

원주민들은 고기잡이도 잊은 채 바다를 가득 메운 흰 돌고래 떼를 쳐다보았습니다.

그런데 어느 순간, 어부 한 사람이 고개를 갸웃거리며 걱정스러운 듯 말했습니다.

"허허, 자꾸만 저쪽으로 가면 안 되는데……. 저쪽은 센야비나 해협(베링해 근처의 좁은 바닷길)인데……."

"저, 저런! 어쩌죠? 빨리 빠져나와야 할 텐데. 잘못하면 얼음벽에 갇히고 말겠어요."

사람들이 얼마나 걱정을 하는지는 알지 못한 채, 흰 돌고래 떼는 대구 떼를 쫓아 좁디좁은 바닷길인 센야비나 해협 안으로 들어가 나올 줄을 몰랐습니다.

센야비나 해협은 좁은데다가 입구에 항상 커다란 빙산이 떠다녀서 빙산이 입구를 막아 버리면 돌고래 떼가 얼음벽 안쪽에 갇히고 말게 됩니다. 게다가 혹시라도 밀려온 빙산이 바다 위까지 덮어 버리면 돌고래 떼는 숨이 막혀 죽을 수밖에 없습니다. 돌고래 떼는 포유동물이어서 20~30분 간격으로 물 위로 올라와 숨을 쉬어야 하는데, 두꺼운 얼음이 덮여 있으면 숨을 쉴 수 없기 때문입니다.

그런데 우려한 일이 정말로 일어나고 말았습니다. 느릿느릿 바다 위를 떠다니던 빙산은 기어코 센야비나 해협의 입구를 막았고, 돌고래 떼가 모인 바다 위까지 얼음으로 덮어 버렸습니다.

잠시 후, 얼음으로 덮인 바다 안쪽에서는 기막힌 일이 벌어졌습니다.

돌고래 떼들은 숨을 쉬기 위해 자꾸만 얼음 위로 솟구치려 했습니다. 물론 군데군데 구멍이 뚫려 있어서 운이 좋은 돌고래는 그 구멍으로 얼굴을 내밀고 숨을 쉰 다음 다시 물속으로 들어가곤 했지만 나머지 수천 마리가 넘는 돌고래는 얼음으로 덮인 바다 위로 치솟아 오르기 위해 안간힘을 썼습니다.

돌고래 떼는 숨을 쉬기 위해 머리로 얼음을 들이받았고, 그때마다 수십 마리씩 피를 흘리며 바다 속으로 영영 가라앉고 말았습니다.

북극 가까이 사는 흰 돌고래는 웬만한 얼음 정도는 쉽게 깰 수가 있습니다. 돌고래들은 바다 깊숙이 들어갔다가 올라오는 힘으로 두께가 1미터 정도 되는 얼음은 단번에 깹니다. 하지만 지금 돌고래의 머리 위를 덮은 얼음은 3미터가 훨씬 넘는 두께입니다.

"안 되겠어. 빨리 주위에 알려 돌고래를 구해야겠어. 저러다가는 수천 마리가 모두 죽고 말 거야."

고깃배에 탔던 원주민들은 무전을 쳐 사방에 돌고래의 포위 소식을 알렸습니다.

몇 시간 후, 돌고래가 얼음 아래에 갇혔다는 소식이 곳곳에 전해졌습니다. 신문사와 방송사는 물론이고 소련(러시아의 옛 이름)의 한 쇄빙선(얼음을 부수는 배) 기지에까지 알려졌습니다.

"쇄빙선 모스크바 호는 즉시 베링 해로 출동하시오. 흰 돌고래 수천 마리가 얼음에 갇혀 질식할 우려가 있다고 합니다."

비상연락을 받은 모스크바 호는 돌고래의 탈출구를 뚫기 위해 서둘러 베링 해로 갔습니다. 이 날이 1985년 12월 6일이었습니다.

쇄빙선 모스크바 호는 베링 해로 접근하긴 했지만 쉽사리 돌고래가 갇힌 지점까지는 나아가지 못했습니다. 모스크바 호가 얼음을 부수는 배인데도 불구하고 얼음들이 워낙 거대하여 함부로 다가설 수가 없었던 것입니다. 그 때문에 모스크바 호는 돌고래의 탈출구를 뚫기 위해 서너 번씩이나 후진과 전진을 되풀이해야 했습니다.

"안 되겠어요. 돌고래의 탈출구는 나중에 뚫고 우선 위쪽의 얼음부터 깨 줍시다. 그래야 숨을 쉴 것 아니겠소."

쇄빙선의 선원들은 즉시 탈출구를 뚫는 일을 중지하고 돌고래가 갇힌 바다 위의 얼음부터 깨기 시작했습니다. 물론 얼음을 다 깰 수는 없었습니다. 날씨가 점점 더 추워져 얼음이 점점 더 두터워졌기 때문에 고작해야 수백 개의 구멍을 뚫은 정도였습니다.

하지만 그 정도로도 돌고래 떼에게는 한결 도움이 되었습니다.

이윽고 보름 남짓이 지난 2월 26일, 모스크바 호는 바다 밑으로 돌고래가 헤치고 나갈 길을 뚫는 데 성공했습니다.

그런데 이게 웬일일까요?

흰 돌고래 떼는 자신들이 갇힌 얼음벽 안쪽에서 빠져나오려 하지 않았습니다.

"큰일 났습니다. 돌고래 떼가 움직이려 하지 않습니다."

모스크바 호의 선원들은 선장에게 달려가 보고했습니다.

"무슨 방법이 없을까?"

"글쎄요. 출구 앞쪽에 먹이를 던져 놓고 유인했는데도 몇 마리만 빠져나올 뿐 나머지는 꼼짝도 하지 않아요."

"큰일이군. 이제 더 추워지면 얼어 죽을 수도 있는데……."

바로 그때 한 동물학자가 급히 모스크바 호의 선장을 찾아왔습니다.

"선장님, 돌고래 떼가 움직이지 않는 이유를 알 것 같습니다."

"그래요? 대체 왜 돌고래가 저 얼음벽 안에서 빠져나오려고 하질 않는 거죠?"

"아마, 이 쇄빙선 모스크바 호 때문일 겁니다."

"뭐라고요? 우리 배 때문이라고요?"

"그렇습니다. 이 쇄빙선의 엔진 소음과 얼음 부수는 소리가 돌고래를 자극하기 때문입니다. 돌고래는 시끄러운 소리를 두려워하기 때문에 이 배가 출구 쪽에 있는 한 나오지 않을 겁니다."

"허허. 큰일이군요. 우리가 앞으로 나가면서 얼음을 헤쳐 주어야 돌고래 떼가 수월하게 빠져나올 수 있단 말입니다. 무슨 좋은 수가 없을까요?"

"일단 배를 뒤쪽으로 빼 보지요."

"음. 하는 수 없군요."

모스크바 호 선장은 하는 수 없이 쇄빙선을 뒤로 후퇴시켰습니다. 그러나 돌고래 떼는 안타깝게도 쇄빙선이 뒤로 빠져나간 뒤에도 얼음벽 안에서 나오지 않았습니다.

"박사님, 배를 뺐는데도 저놈들이 끄덕도 하지 않는군요. 대체 왜 저러

이거 알면 더 재미있어요

돌고래의 습성

2005년 1월 22일, 영국의 한 신문에 뜻밖의 기사가 났습니다. 39년 만에 영국 동쪽 바다에 나타난 6미터 크기의 돌고래가 죽었는데, 그 이유가 영국 해군 탐사선의 음파 탐지기 때문이라는 것입니다. 즉 돌고래는 다른 어떤 동물보다 소리에 민감한데 음파 탐지기에 의해 방향을 잃었거나 청각을 잃어 자살했다는 것이지요.

사람들은 발달한 과학기술로 해양을 탐사하면서 자연을 파괴하고, 동물들의 보금자리를 뺏기도 합니다. 하지만 아름다운 음악을 들려주어 자살 위기에 처한 돌고래들을 구조한 일도 있답니다.

"
　　　　　　　"는 겁니까?"

　　　　　　　"내가 보기엔 돌고래들이 자살을 하려는 것 같소."

　　　　　　"자살이라니요?"

　"돌고래는 워낙 예민한 동물이오. 그래서 스트레스를 받으면 자살을 하지요. 배의 엔진 소리가 아마 녀석들을 심하게 자극하는 모양이에요."

　"그럼, 구할 방법이 없단 말입니까?"

　"음. 글쎄요."

　과학자는 선장의 질문에 선뜻 대답하지 못했습니다. 여러 가지를 생각해 보았지만 돌고래를 구해 낼 마땅한 방법이 쉽사리 떠오르지 않았습니다.

　과학자의 대답을 기다리다 지루해진 선장이 무심코 라디오를 틀었습니다. 라디오에서는 차이코프스키의 음악이 흘러나왔습니다.

　바로 그 순간, 과학자는 손뼉을 쳤습니다.

　"바로 이거예요! 돌고래들에게 음악을 들려주는 겁니다."

　"네? 무슨 말씀이신지?"

　"하하하. 돌고래들은 소리에 아주 민감하다고 했죠? 싫어하는 소리도 있지만 좋아하는 소리도 있단 말입니다. 만약 좋은 음악소리를 들려주면 따라 나올지도 몰라요."

　"아아, 그럼 방송사에 연락해 빨리 음악을 준비해야겠군요."

　"그래요. 가능하면 자연의 소리로 준비해 달라고 하세요. 곤충이나 새가 지저귀는 소리나 휘파람, 종소리도 좋고요. 짐승들 울음소리도 괜찮아요."

"그럼, 돼지가 꿀꿀거리는 소리는 어때요?"

"하하하, 상관없습니다. 참, 그리고 부드러운 악기로 연주하는 음악소리도요. 가령 플루트 같은 것 말이에요."

"알았습니다, 박사님."

선장은 즉시 무전으로 연락해 과학자가 말한 음악을 준비해 달라고 부탁했습니다.

몇 시간 후, 방송사에서는 여러 종류의 음악이 담긴 카세트테이프를 보내왔습니다. 선장은 배 뒤쪽에 커다란 스피커를 설치하고 이내 음악을 틀었습니다.

음악소리는 잔잔하게 바다 위에 울려 퍼지기 시작했습니다. 처음에는 동물들의 울음소리, 그리고 시냇물 흐르는 소리와 벌레의 울음소리, 그 뒤에는 유명한 음악가들의 음악이 흘러 나왔습니다.

음악을 튼 지 채 얼마 지나지지 않아 돌고래 떼가 서서히 출구 바깥쪽으로 움직였습니다. 한 시간 정도가 지날 무렵에는 대부분의 돌고래가 앞다투어 쇄빙선이 뚫어 놓은 출구 바깥쪽을 향해 헤엄쳤습니다.

"아아, 이젠 됐어요. 돌고래들이 우리를 따라옵니다."

"그래요. 우리가 돌고래를 구한 거예요."

선장은 기뻐하며 외쳤고 과학자는 선장에게 악수를 건네며 말했습니다.

이틀 뒤, 돌고래 떼는 모두 얼음벽 안쪽에서 빠져나와 넓은 바다로 헤엄쳐 갔습니다. 음악소리가 죽음 직전에 처했던 돌고래 수천 마리를 구한 것입니다.

 어떻게 이런 일이?

돌고래가 말을 한다고?

돌고래는 음에 대해 민감하며, 뇌신경 중에서도 청신경(소리신경)이 가장 굵고 주름이 잘 발달했습니다. 따라서 돌고래는 음향이나 소리를 송신하고 수신하는 능력이 매우 뛰어난데, 이 이야기에서는 이런 돌고래의 특성이 문제 해결의 열쇠가 되었답니다.

돌고래는 반사음을 이용해서 물속의 물체를 탐지할 수 있어요. 실험에 의하면 지름이 몇 밀리미터밖에 안 되는 작은 쇠공도 쉽게 식별할 수 있대요. 또 초음파를 비롯하여 700여 종류의 소리를 낼 수 있고, 다양한 발음으로 자기들끼리 서로 대화를 나눌 수도 있답니다. 재미있는 것은 각 나라마다 사람이 사용하는 언어가 다르듯이 돌고래도 사는 바다에 따라 사용하는 '언어'가 다르고, 나아가 '통역사' 역할을 하는 돌고래도 있다는 것입니다.

돌고래는 이렇게 다양한 소리 기능을 가지고 있어 물속에서 나는 음악소리를 쉽게 감지할 수 있는 거예요. 이제 좋은 음악소리를 듣고 따라 나와 목숨을 건진 돌고래의 이야기가 이해되나요?

화학물질의 마술 ① 폭탄보다 무서운 식초

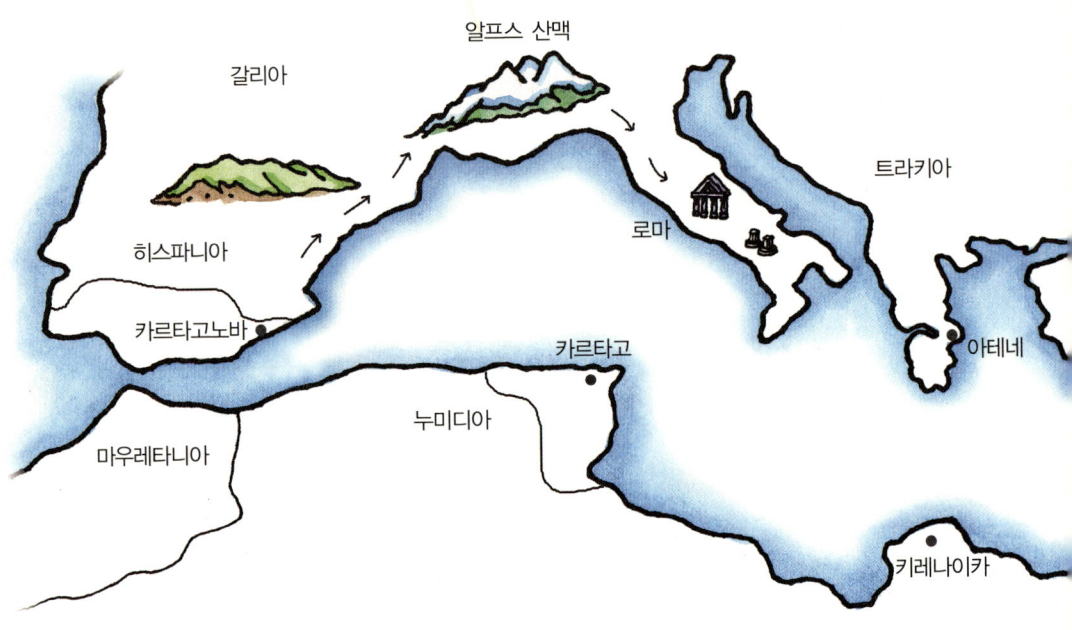

식초로 뚫은 로마 정복길

　기원전 221년경, 지중해 연안을 한손에 쥐고 흔들던 명장이 있었습니다. 바로 한니발이었습니다. 그는 카르타고라는 나라의 실제 통치자였습니다. 모든 싸움에서 이겼고, 어느 나라에서나 그를 두려워했습니다. 전쟁뿐만 아니라 지중해를 차지하고 무역을 통해 나라 살림살이를 살찌웠습니다.
　그래서 카르타고는 지중해 연안과 유럽에서 가장 강하고 부유한 나라가 되었습니다.

그런 한니발에게도 걱정거리가 한 가지 있었습니다. 그것은 로마를 굴복시키지 못한 것이었습니다. 다른 모든 나라가 카르타고에 굴복했는데 로마만큼은 아직 한니발의 비위를 거슬렀습니다.

한니발은 로마마저 손아귀에 넣고 싶었습니다.

"반드시 로마를 내 손에 넣고야 말겠노라!"

한니발은 로마에 대한 적개심이 아주 강했습니다. 카르타고가 로마의 적수가 되지 못했던 때 번번이 로마에게 치욕을 당했기 때문입니다. 한니발은 아홉 살 때부터 아버지를 따라다니며 전쟁터를 누볐고, 아버지가 잔인한 로마인에 대해서 말하는 것을 귀에 못이 박히게 들었습니다.

한니발은 전쟁 준비를 마친 뒤 로마에 대해 공격 명령을 내렸습니다.

"카르타고 군사들아, 나를 따르라. 알프스 산맥을 넘어 로마로 진군한다!"

기원전 218년, 기어코 한니발은 코끼리 37마리를 앞에 세우고 1만 마리가 넘는 말과 수십만의 군사를 이끌고 알프스 산맥을 향해 나아갔습니다.

한니발은 코끼리를 앞세워 적을 당황하게 한 뒤 단숨에 물리칠 생각이었습니다. 그 때문에 바다로 나아가지 않고 산맥을 넘기로 했던 것입니다. 게다가 이전에 벌어졌던 전투는 대부분 해전이었는데, 그때마다 번번히 패했기 때문이었습니다. 하지만 한니발은 땅 위에서의 싸움은 자신이 있었던 것입니다.

한니발의 기발한 작전에 군사늘도 잘 따랐습니다. 군사들은 2,400킬

로미터가 넘는 먼 거리를 행군하면서도 불만스러워하지 않았습니다.

　에스파냐(지금의 스페인)에서 피레네 산맥을 넘고 프랑스를 가로지른 끝에 한니발 군대는 거대한 알프스 산맥에 다다랐습니다. 산을 오르자 기온이 크게 떨어지기 시작했습니다. 카르타고의 병사들은 대부분 따뜻한 곳에서 살았던 터라 추위를 견디지 못했습니다. 군대 행렬이 산 정상으로 올라갈수록 기온은 더 떨어졌고, 급기야 얼어 죽는 병사까지 생겼습니다. 추위를 못 이겨 탈영하는 병사도 한둘 생기기 시작했습니다.

　한니발은 병사들을 격려했습니다.

　"조금만 견뎌라. 산맥을 넘으면 코앞이 로마다! 그들을 몰살시키고 나면 따뜻한 옷과 음식이 우리를 기다릴 것이다!"

　낙오자가 계속 늘었지만 행군을 멈추지는 않았습니다. 아무도 한니발의 고집을 꺾을 수 없었습니다.

　마침내 한니발은 군대를 이끌고 산마루에 다다랐습니다.

　그런데 이제 한니발에게 두 번째 위기가 닥쳤습니다. 내리막길의 좁은 절벽 길을 지나는데 난데없이 커다란 바위가 앞을 가로막은 것입니다.

　"장군, 바위가 앞을 막고 있어서 코끼리와 마차가 지나갈 수가 없습니다."

　앞서가던 병사가 되돌아와 보고하였습니다.

　한니발은 즉시 달려가 보았습니다. 과연 커다란 바위가 길을 막고 있어서 말 한 마리도 지나갈 수가 없었습니다.

한니발 장군님 이 바위를 요리해 드실 생각이세요?

식초로 뚫은 로마 정복길 | **37**

"돌아갈 길을 찾아라! 서둘러라!"

한니발은 명령을 내렸습니다. 하지만 마차와 말과 코끼리가 지나갈 만한 길은 없었습니다. 갈 수 있는 길은 되돌아가는 길밖에 없었습니다.

"장군, 우회 길은 없습니다. 오른쪽은 낭떠러지고 왼쪽은 더 가파른 절벽입니다."

"뭐라고? 그렇다면 바위를 깨라!"

한니발은 명령했습니다. 하지만 명령은 쉬워도 바위를 깨부술 방법은 없었습니다. 더구나 바위의 크기가 작은 산만 하여서 도무지 불가능한 것처럼 보였습니다. 정으로 일일이 쪼아도 며칠 아니 몇 달이 걸릴지 모를 일이었습니다.

'아아, 하늘도 무심하여라. 로마를 바로 눈앞에 두고 포기해야 한단 말인가?'

한니발은 고민에 빠졌습니다. 이 길만 통과하면 로마인데 그냥 되돌아갈 수는 없었습니다. 한니발은 생각하고 또 생각했습니다. 마침내 묘안이 떠올랐습니다.

"옳지! 바로 그거야!"

한니발은 손뼉을 치고서는 장수들을 불러 명령했습니다.

"장군, 즉시 나무를 모아 바위 밑에 쌓으시오. 불을 피울 것이니 바싹 마른 나무들을 최대한 많이 쌓으시오."

또 다른 장수에게는 이렇게 명령했습니다.

"장군은 병사들이 가지고 있는 식초를 최대한 많이 모아 오시오."

장수들은 어리둥절했습니다. 왜 불을 놓겠다는 것일까? 식초는 갑자기 왜 필요한 것일까?

마른 나뭇가지와 식초를 구하는 일은 어렵지 않았습니다. 나무는 산에 얼마든지 널려 있었고, 식초 역시 군사들의 음료수로 사용하는 것이었기 때문입니다.

장수들은 병사들을 재촉해 마른 장작을 모아 바위산을 덮을 정도로 쌓았습니다. 한니발은 명령을 내렸습니다.

"나무에 불을 질러라!"

병사들은 명령에 따라 장작에 불을 붙였습니다. 장작은 때마침 불어오는 바람을 타고 금방 타올랐습니다. 거대한 불이었습니다.

병사들은 명령대로 따르긴 했지만 고개를 갸웃거리지 않을 수 없었습니다.

"무슨 짓이야? 장군은 바위를 녹일 참인가 보군."

그런 말을 들어도 한니발은 꿈쩍도 안 했습니다. 반나절이 지나 장작

포에니 전쟁

기원전 264년에 시작한 포에니 전쟁은 로마와 페니키아인(로마는 이들을 포에니라고 불렀다)이 다스리던 카르타고 사이에서 약 120년 간 벌어졌습니다. 1차 전쟁(기원전 264년)에서 로마에 패한 카르타고는 이후 복수를 벼르다가 명장 한니발의 지휘로 기원전 218년 로마를 공격했습니다. 이때 한니발은 코끼리와 보병을 앞세워 알프스 산맥을 넘어 이탈리아 반도의 로마를 향해 진군했고, 로마와의 첫 싸움에서 8만 명의 로마군을 전멸시켰습니다.

이 모두 타 들어갔을 무렵 한니발은 다시 명령했습니다.

"달구어진 바위 위에 식초를 부어라!"

이번에도 병사들은 영문을 알 수 없었습니다. 하지만 일단 명령에 따랐습니다. 그런데 바로 그 순간 기적 같은 일이 일어났습니다.

뜨겁게 달구어진 바위에 식초를 쏟아붓자 바위가 '쩍' 소리를 내며 갈라진 것입니다. 곧이어 곳곳에 금이 가고, 모서리는 부서지기도 했습니다. 이때를 기다려 한니발은 외쳤습니다.

"바위가 갈라지고 있다. 부숴라!"

병사들은 일제히 달려들어 바위를 부쉈습니다. 조금도 움직일 것 같지 않던 바위가 힘없이 툭툭 부서지기 시작했습니다. 곧이어 가로막혔던 앞길이 훤해졌습니다.

"와, 길이 생겼다. 장군님께서 기적을 일으키셨다!"

병사들은 환호성을 질렀습니다. 눈앞에 일어난 일을 직접 봤는데도 믿기지가 않았습니다.

한니발은 다시 한 번 외쳤습니다.

"길이 열렸으니, 쉬지 말고 진군하라! 곧 로마를 우리의 손아귀에 넣을 것이다!"

그 말에 힘을 얻은 병사들은 용기를 내고 산을 내려가기 시작했습니다. 얼마 지나지 않아 한니발은 로마의 땅을 밟을 수가 있었습니다. 그리고 10년 넘게 그 곳 로마를 휘저으며 이탈리아를 지배했습니다.

어떻게 이런 일이?

산성비가 지구도 녹이겠네

이 이야기가 일어난 시대에는 병사들이 초산(식초)을 가지고 다니며 그것을 물에 타서 음료수로 썼다고 합니다. 한니발도 초산을 음료수로 가지고 다녔다고 해요.

그런데 바위는 어떻게 깨뜨렸을까요? 여기에는 먼저 다음과 같은 조건이 필요합니다.

그 바위가 대리석이거나 석회암이어야 한다는 것입니다. 과학자들은 한니발 장군의 전기에 등장하는 이 이야기가 사실이 되려면 반드시 이 조건이 맞아야 한다고 합니다. 왜냐하면 대리석이나 석회암은 산성 용액인 초산에 쉽게 녹기 때문입니다. 물론 한꺼번에 '퍽'하고 갈라지거나 빠르게 녹아 내리지는 않더라도 가열한 뒤에 초산을 부으면, 다른 재질의 바위보다 쉽게 부서뜨릴 수 있고 갈라진 틈에 쐐기를 박고 그 안에 초산을 붓는다면 의외로 바위를 쉽게 부술 수 있습니다.

이를 확인해 보려면 달걀껍데기나 대리석에 초산과 같은 산성 용액인 묽은 염산이나 황산을 넣어보세요. 기체가 발생하면서 녹아 내릴 거예요. 왜냐고요? 달걀껍데기나 대리석은 모두 탄산칼슘이라는 물질로 이루어지는데, 탄산칼슘은 산성 용액과 반응하여 기체를 발생시키며 녹기 때문입니다.

종종 산성비(산성을 띠는 비)가 내려 대리석으로 만들어진 문화재가 녹아 내린다는 뉴스를 들을 수가 있는데 같은 까닭 때문입니다. 실제로 산성비로 인한 문화재의 피해는 세계적으로도 심각하답니다. 아테네의 파르테논 신전이나 페이디아스의 조각품은 2,000년 역사를 자랑하는데 불과 100년 동안에 오염된 산성비를 맞아서 녹아 형체를 잃게 되어 현재는 복제품으로 대치하여 전시됩니다. 산성비는 석유와 같은 화석 연료, 자동차 사용으로 생기는 매연에 들어 있는 황산화물과 질소산화물 같은 오염물질이 빗물에 녹아 내리기 때문에 생깁니다.

산성비로 인해 식물이 병들어 잘 자라지 못하고, 호수와 강에 있는 물고기들이 죽기도 합니다. 또 금속이나 대리석으로 만들어진 문화재, 건축물은 부식하여 형태가 바뀝니다. 금속이나 대리석으로 된 구조물이 산성비를 맞으면 자연 풍화보다 30배나 빠르게 부식한답니다. 사람이 맞으면 가려움증과 피부병, 머리카락이 빠지는 증상이 나타납니다.

화학물질의 마술 ② **왕수에 녹아버린 금자**

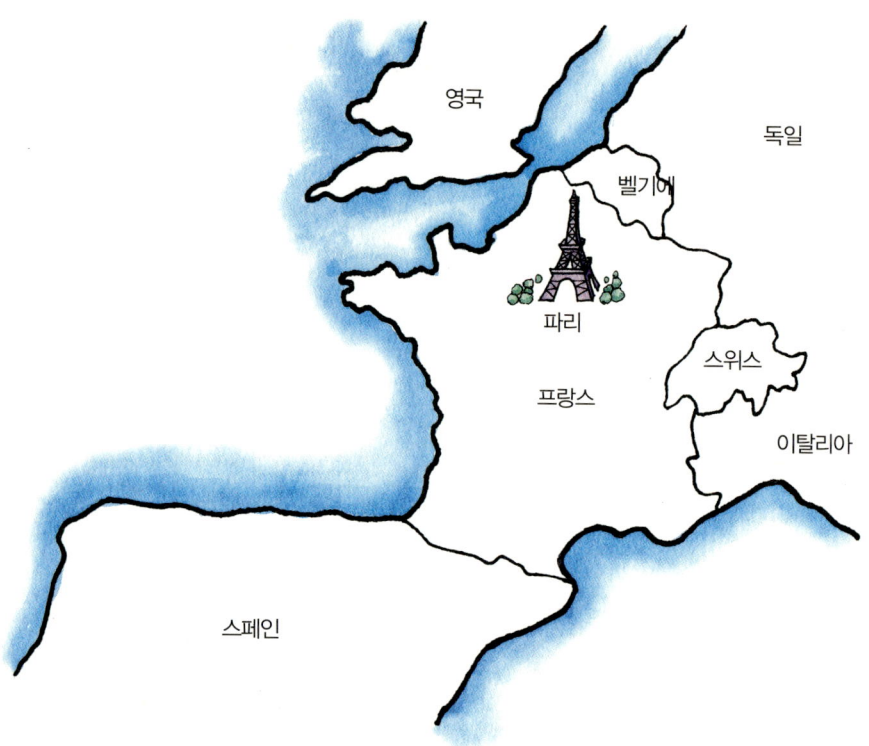

마술 같은 연금술도 과학이다

1940년 6월 13일 저녁, 프랑스의 수도 파리가 텅 비었습니다. 활기찬 기운은 사라지고 마치 유령의 도시 같았습니다. 사람들은 보이지 않았고 불이 켜진 집도 드물었습니다.

독일군 때문이었습니다. 전쟁을 일으킨 독일군은 폴란드를 점령하더니 곧이어 북쪽의 여러 나라를 차례로 손아귀에 넣은 뒤 마침내 프랑스의 국경을 넘었습니다.

　프랑스는 곳곳에서 패하여 6월 13일 오후에는 독일군이 파리로부터 50여 킬로미터 되는 지점까지 다다랐습니다. 그런 탓에 파리의 시민들은 대부분 독일군을 피해 다른 곳으로 피난을 떠났습니다.

　이날 밤, 프랑스의 중심지 샹젤리제 거리로부터 멀리 떨어지지 않은 어느 허름한 집에는 늦게까지 불이 켜져 있었습니다. 바로 생물학자 미냐르의 집이었습니다.

　미냐르는 초식동물, 특히 소와 양을 비롯한 가축들의 질병에 관한 연구를 위해 바이러스와 박테리아를 연구하고 있었습니다.

　이미 시간은 자정이 가까워졌습니다. 미냐르가 시험관에 무슨 액체를 넣고 흔들고 있을 때, 조수 노릇을 하는 엘샤가 다가와 말했습니다.

　"박사님, 우리도 피난을 가야 하지 않겠습니까?"

　하지만 미냐르는 들은 척도 하지 않고 시험관만 유심히 들여다보았습니다.

　"박사님, 서둘러야 합니다. 내일이면 독일군이 파리를 점령할 거랍니다. 아니, 이미 선발부대는 파리에 들어와 있을지도 모릅니다. 잘못하면 잡혀갈 수도 있습니다."

　그제야 미냐르 박사가 고개를 돌렸습니다.

　"이보게, 엘샤. 나는 전쟁과 무관한 사람일세. 나는 군인도 아니고 정치가도 아니야. 내가 관심을 두는 것은 오로지 동물뿐이란 말일세. 그런 나를 독일군이 왜 잡아가겠나."

하긴 틀린 말은 아니었습니다. 20년이 넘도록 미냐르는 오로지 동물만 연구했고, 그런 탓에 동물밖에 아는 것이 없었습니다.

엘샤가 조금 목소리를 높여 말했습니다.

"하지만 박사님께서는 지난번에 라디오에 나가 독일의 침략을 비난하지 않았습니까? 더구나 박사님께서는 동물들의 질병 치료에 도움이 되는 백신을 독일에는 공급하지 말라고 주장한 일이 있으십니다. 독일군 정보국에서 그걸 알고 있을 것입니다."

순간 미냐르는 몸을 움찔 떨었습니다. 엘샤의 말대로였습니다. 미냐르는 자신이 개발한 동물 치료 약품을 독일에는 절대로 판매하지 말도록 정부와 의학계에 선언했던 것입니다.

하지만 미냐르는 선뜻 피난을 가야겠다고 마음먹지 못했습니다. 왜냐하면 한참 하고 있는 연구를 중단할 수가 없었기 때문입니다.

"알겠네. 하지만 지금 당장 독일군이 쳐들어온 것도 아니니 조금 더 생각해 보세."

미냐르는 그렇게 말하고 다시 시험관을 뚫어져라 쳐다보았습니다. 그런데 바로 그때였습니다. 갑작스레 현관문이 소란스럽게 열리더니 누군가가 미냐르의 집으로 뛰어 들어왔습니다.

"박사님, 서둘러 피하셔야겠습니다. 지금 독일군에 협력하는 첩자들이 선생님을 찾고 있습니다."

그렇게 외치며 달려온 사람은 미냐르의 제자 앙리였습니다.

"나를 찾는다고? 왜지?"

"독일군에 협력하는 첩자들이 독일군에게 잘 보이려고 평소에 독일의 침략에 반대했던 사람들을 미리 찾아내 감금시킨다고 합니다. 그 중에 박사님도 있습니다. 서둘러 피하지 않으면 큰일 납니다."

"그것 보십시오. 박사님, 어서 피하셔야 합니다."

앙리의 말을 듣던 엘샤도 미냐르의 팔을 잡아끌었습니다.

"잠깐 기다리게. 짐 좀 챙기세."

"아닙니다. 그럴 시간이 없습니다. 이미 그들이 여기까지……."

바로 그 순간이었습니다. 앙리가 말을 채 마치기도 전에 대문을 두드리는 소리가 들렸습니다.

"미냐르 박사. 어서 나오시오."

미냐르를 미리 체포하려는 독일군 협력자들이었습니다.

"안 되겠다. 우선 몸만 피해야겠구나. 자, 어서……. 아, 아냐. 저것만은……."

미냐르가 뒷문으로 빠져 나가려다가 멈춘 것은 바로 실험실 한쪽 옆의 책장에 가지런히 놓인 한 뼘 크기의 금자(금으로 만든 자)였습니다. 그것

이거 알면 더 재미있어요

생물학자 미냐르

프랑스의 생물학자 미냐르는 그리 잘 알려진 사람은 아닙니다. 제2차 세계대전 이전부터 동물과 가축을 연구하여 가축의 질병치료를 위한 신약개발에 앞장섰습니다. 특히 가축 전염병 분야에서 탁월한 업적을 이루어 프랑스 당국으로부터 최고의 과학자로 인정받기도 했습니다. 그가 개발한 가축 신약은 널리 퍼져 전 세계 가축 질병 예방에 큰 도움을 주었습니다.

　은 몇 년 전에 미냐르가 생물학 분야의 공로를 인정받아 정부로부터 상으로 받은 것이었습니다.
　그 금자는 가문의 영광인 동시에 자신에게 가장 큰 자랑거리였습니다. 다른 것은 몰라도 그것만은 가져 가야겠다는 생각이 들었습니다.
　미야르는 얼른 그것을 집어 들었습니다. 그런데 앙리가 앞을 가로막았습니다.
　"안 됩니다, 선생님. 파리를 빠져 나가는 동안 어쩌면 독일군이나 첩자들을 만나게 될지 모릅니다. 그들은 틀림없이 몸수색을 할 텐데 저것을 들고 가다가 들키는 날에는 오히려 더 위험합니다. 다른 곳에 숨기고 가십시오."

생각해 보니 그랬습니다.

하지만 숨길 곳이 마땅치 않았습니다. 책꽂이 사이에 숨기자니 금자가 두꺼워 금방 표시가 날 것 같았고, 서랍이나 캐비닛도 분명 독일군이 뒤져볼 것이었습니다. 그렇다고 그냥 두고 가면 독일군이 압수해 갈 것이 뻔했습니다.

'아아, 어디에 숨긴다. 어디에……'

바깥에서는 계속 문을 두드리는 소리가 들려왔습니다. 앙리가 세차게 미냐르의 팔을 잡아당겼습니다.

"선생님, 어서요!"

"아냐, 잠깐만!"

이때 미냐르의 머리에 어떤 생각이 스쳐지나갔습니다.

미냐르는 얼른 실험실 한쪽에 있는 여러 액체가 담긴 장식장 앞으로 갔습니다. 커다랗고 흰 액체가 든 큰 병을 꺼내고는 재빨리 금자를 그 액체 안에 넣었습니다.

그런데 이게 웬일일까요? 금자가 액체 안에 들어가는 순간, 서서히 녹기 시작하더니 이내 형체도 없이 사라지는 것이 아닙니까?

"서, 선생님. 이, 이게 어찌 된 일이죠?"

"설명할 시간이 없네. 우선 여길 빠져 나가세."

미냐르는 금자를 녹인 액체 병을 다시 제자리에 놓고는 한걸음 앞서 뒷문으로 빠져 나갔습니다.

앙리와 엘샤는 어리둥절했습니다. 뒷걸음질지면서 계속 금자기 녹아 버린 액체를 유심히 쳐다보았습니다.

미냐르는 그날 밤 다행히 파리를 무사히 빠져 나갔고, 다음 날이 되자 예상대로 독일군이 파리를 점령했습니다. 독일군 정보부대는 곧 독일의 침략에 반대했거나 비난한 학자들을 찾아내 체포했습니다. 미냐르의 집에도 독일군이 들이닥쳤습니다.

그러나 얼마 후, 독일군은 연합군의 공격을 받고 다시 파리에서 철수하지 않으면 안 되었습니다. 하지만 독일군은 곱게 물러가지 않았습니다. 특히 독일의 정보부대는 과학자들의 집을 샅샅이 수색했습니다. 미냐르의 집도 예외는 아니었습니다. 독일군은 미냐르가 훌륭한 생물학자라는 것을 알고 있었기 때문입니다.

"미냐르를 찾아내라. 또한 미냐르의 실험 자료들을 샅샅이 뒤져 독일군에게 유리한 정보는 모두 캐내라!"

독일군 정보원들은 미냐르의 실험실을 샅샅이 뒤졌습니다. 미냐르의 노트도 압수했습니다.

"저쪽에 있는 실험용 액체들도 가져 갈까요?"

한 병사가 장교에게 한쪽의 진열장을 가리키며 물었습니다. 그쪽에는 실험할 때 필요한 수많은 액체가 수백 개의 병에 담겨 있었습니다. 그 중에는 금자가 녹아 버린 액체도 있었습니다.

"음. 가져가면 좋겠지만 어디에 소용되는지 알 수도 없고 짐만 될 것이다. 그냥 두고 가라!"

다행히 액체는 남겨졌습니다.

1945년 독일이 제2차 세계대전에서 패망한 뒤 영국에 피해 있던 미냐르는 제자들과 함께 자신의 집으로 돌아왔습니다.

미냐르는 무엇보다 먼저 자신이 금자를 녹여 버렸던 그 용액을 찾아 책상 앞에 올려놓았습니다.

"선생님, 이건 그때 그……."

"그래, 내가 금자를 녹여 버렸던 그 액체라네."

"그런데 어쩌시려고 그러십니까?"

"하하, 어쩌긴 독일군이 물러갔으니 이제 다시 금자를 찾아야지."

"네? 무슨 말씀이신지?"

앙리와 엘샤는 어리둥절할 수밖에 없었습니다. 액체에 녹아 버린 금자를 다시 찾는다니 말도 되지 않는다고 생각했습니다.

도대체 미냐르는 무얼 하려는 것일까요?

미냐르는 문득 자신이 입고 있던 외투의 단추 하나를 뜯어냈습니다. 손톱만한 크기의 단추는 동(銅)으로 만든 것이었습니다.

"자, 보게. 내가 마술을 보여주지."

미냐르는 씩 웃으며 동으로 만든 단추를 금자가 녹아 있는 액체 안에 넣었습니다.

그러자 지난번처럼 이번에는 동으로 만든 단추가 그 액체에 녹아 흔적도 없이 사라져 버렸습니다. 신기한 일이었습니다.

하지만 더욱 놀랄 일이 바로 그 다음에 일어났습니다. 분명히 흔적도 없이 녹아 버렸던 금자가, 농 단추가 녹아 버리자 서서히 그 모습을 드러

내는 것이었습니다. 물론 금자의 모양이 원래의 모습대로 돌아온 것은 아니었습니다. 형체만 엉성하게 남은 채였지만 그만해도 무척 놀랄 일이었습니다.

"이, 이럴 수가……."

"선생님, 어떻게 이런 일이 일어날 수 있죠?"

두 제자는 놀라서 어쩔 줄을 몰랐습니다. 미냐르는 씩 웃으며 두 제자에게 말했습니다.

"자네들은 금의 성질에 대해서 잘 알고 있나?"

"조금 압니다. 무엇보다 황금은 지극히 안정된 상태의 물질이라 웬만한 액체에도 녹지 않는다고 들었습니다. 염산과 같은 강한 액체에도 절대 변하거나 녹지 않는다고 말입니다."

엘샤가 대답했습니다. 미냐르는 크게 웃었습니다.

"하하하. 맞네. 하지만 그런 황금도 딱 한 가지 액체에는 녹네. 금속의 왕으로 일컫는 금까지 녹이기 때문에 그 액체를 왕수(王水)라고 부르지."

"그럼, 이게 바로 왕수라는 액체인가요?"

"맞아. 그래서 왕수는 여러 물질을 녹이는 화학물질로 사용된다네."

"그렇다면 어떻게 녹인 금이 다시 원래의 모습으로 돌아온 거죠?"

"그건 바로 동 단추 때문이야. 동은 황금보다 변화가 빠른 물질이야. 그래서 동을 넣어 주면 왕수는 동을 녹이고 대신 처음 녹였던 황금을 원래 상태로 되돌려 놓는 거지."

앙리와 엘샤는 고개를 끄덕였습니다. 이제야 그 이상한 현상을 이해할 수 있을 듯했습니다.

비밀 노트 어떻게 이런 일이?

금도 벌벌 떠는 천하무적 왕수

이 세상에는 여러 종류의 물질이 있어요. 그 물질들은 서로 독특한 성질을 가지고 있지요. 어떤 물질에는 녹기도 하고 녹지 않기도 하는데, 이러한 현상을 용해라고 하지요. 다시 말해서 용해란 한 물질이 다른 물질에 골고루 섞여 들어가는 현상을 말한답니다.

금은 아침의 태양광선, 또는 찬란하게 빛나는 햇빛의 의미를 나타내는 금속이에요. 금은 비중이 19.32, 녹는점은 1,063℃, 끓는점은 2,970℃이며, 산과 알칼리, 기타 약품 등에 잘 견뎌요. 다만 왕수에는 단단한 금도 녹아서 용액이 되어 버리는데, 이것은 다시 용액과 분리하여 금으로 회수할 수 있어요.

금은 여러 금속과 섞어서 합금으로 이용해요. 순금은 너무 물러 형태를 만들기가 어렵고 비싸므로 합금하는 것이랍니다. 합금하면 녹는점이 낮아지고 굳기와 색깔, 광택 등 여러 면에서 좋은 점이 있습니다.

황산은 산성이 매우 강한 액체이지만 금, 백금과 같은 금속은 녹이지 못해요. 그러나 진한 염산과 진한 질산을 섞어서 만든 액체는 금과 백금도 녹이지요. 이 액체를 '왕수'라고 하는데 왕수는 진한 염산과 진한 질산을 3:1의 비율로 섞어서 만들어요.

1 비커에 염산과 질산의 비율을 3:1로 하여 염산을 먼저 넣은 후 질산을 조금씩 넣어 주어요.

2 여기서 잠깐! 질산은 공기와 만나면 석류 주스 색깔로 바뀌고, 김이 나요. 다른 산 종류도 다 그렇지만 직접 코로 들이마시거나 바람이 앞쪽에서 부는 자리는 피하세요. 매우 위험해요.

3 두 약품을 섞은 다음 1~2분 지나면 노란 색의 액체로 바뀌어요. 그러면 왕수 완성!

화학물질의 마술 ③ 신기한 요오드 – 녹말 반응

손가락이 푸른 자가 범인이다

 1931년 2월 15일 저녁, 이탈리아 밀라노의 한 보석상에 수많은 사람이 몰려들었습니다. 2월 한 달 동안 임시 박물관으로 지정된 이 보석상에서 〈세계 희귀보석 박람회〉가 열렸기 때문입니다.

 이 보석 박람회에서는 기원전 이집트 왕비들의 것으로 추정하는 루비와 중국의 삼국시대 때 조조의 후궁과 궁녀들이 지녔다는 황금 팔찌를 비롯해 세계의 유명 디자이너들이 아름답게 장식한 주먹만한 크기의 다이아몬드까지 전시되었습니다.

특히 15일 저녁부터는 유명 디자이너들의 다이아몬드 작품은 판매도 하였기 때문에 부자들이 많이 찾아와 전시회를 관람하였습니다. 보석을 팔고 남은 이익금은 전액 정부에 기증할 예정이었습니다.

당시 이탈리아는 어려운 처지에서 벗어나기 위해 이웃나라를 침략할 계획을 세웠는데 무엇보다 돈이 필요했습니다. 그래서 보석을 판 돈은 정부가 무기를 사들이고 군사를 모으는 데 쓸 예정이었습니다.

무엇보다 사람들로부터 관심을 끈 것은 붉은색 루비로 만든 십자가에 다이아몬드를 박아 장식한 목걸이였습니다.

이 목걸이를 사기 위해 이탈리아의 무역상인 만초니와 귀족 산나차로는 해도 지기 전부터 보석상을 찾아왔습니다. 오후 7시경에는 영국인 팩스턴이 뒤늦게 목걸이를 사겠다며 달려들었습니다.

"세 분께서 목걸이를 사시겠다니, 적정한 가격을 말씀하시는 분에게 팔겠습니다. 일단 이쪽으로 오십시오."

보석상 주인이자 임시 박물관장은 세 사람을 자신의 사무실로 데리고 갔습니다. 그리고 직원에게 목걸이를 가져오라고 일렀습니다.

보석상 주인과 만초니, 산나차로, 그리고 팩스턴이 테이블을 마주보고 앉았습니다. 그들 옆에는 혹시 무슨 일이 생길지 몰라 경찰관 한 명이 서 있었습니다. 경찰관은 네 사람을 유심히 쳐다보았습니다.

"이런, 두 분도 손가락을 다치셨군요."

직원이 목걸이를 가지러 간 동안 무료했는지 보석상 주인이 먼저 입을 열었습니다.

"아, 저는 손에 염증이 생겼습니다."

"그래요? 저는 어제 새끼손가락을 베었습니다. 머큐로크롬을 발랐지요."

산나차로와 팩스턴이 차례로 대답했습니다.

"그런데 관장님도 손을 다치셨군요."

듣고만 있던 만초니가 박물관장에게 물었습니다.

"네, 엊그제 보석상을 정리하다 독이 있는 벌레한테 물리고 말았지 뭡니까."

"저런, 그럼 즉시 옥도정기(요오드팅크)를 바르지 그러셨어요."

"하하하. 그렇지 않아도 방금 전에도 옥도정기를 발랐습니다. 이젠 괜찮아지겠지요."

박물관장은 호탕하게 웃으며 말했습니다. 옆에 서 있던 경찰관도 따라서 미소를 지었습니다.

이윽고 직원이 조그만 상자에 담긴 십자가 목걸이를 가지고 왔습니다. 그리고 그것을 네 사람이 둘러앉은 테이블 위에 놓았습니다.

"와, 가까이서 보니 더 아름답군요."

"그러게 말입니다. 이건 마치 하나님의 예술작품 같아요."

"이런 걸 영원히 가질 수 있다면 소원이 없겠어요."

세 사람은 감탄하며 한마디씩 했습니다. 그런 세 사람의 미소를 보면서 박물관장은 씩 웃음을 지었습니다.

"자, 이제 가장 높은 값을 부른 분에게 이 목걸이를 팔겠습니다."

"나는 영국 달러로 100만 달러를 내겠습니다."

제일 먼저, 마치 기다렸다는 듯 박물관장의 말이 채 끝나기 무섭게 영국인 팩스턴이 입을 열었습니다. 그러자 뒤이어 만초니가 나섰습니다.

"난 그 두 배를 내겠습니다."

"하하하, 그렇다면 그 목걸이는 내 것이 틀림없소. 난 300만 달러를 준비해 왔소이다."

귀족 산나치로도 지지 않았습니다. 그리고 목걸이를 자기 앞으로 끌어당겼습니다. 바로 이때, 팩스턴이 다시 나섰습니다.

"그렇다면 나는 350만 달러를 내겠소. 이제 그 목걸이는 내 것이지요?"

"무슨 소리! 그럼 난 400만 달러요."

"이것들 보세요. 난 500만이요."

세 사람은 지지 않고 높은 가격을 불렀습니다. 그냥 놓아두면 언제까지나 계속될 것 같았습니다. 이때, 박물관장이 나섰습니다.

"잠깐만요. 이렇게 하면 주인이 가려지기 힘들겠군요. 제가 쪽지를 하나씩 나누어드릴 테니 거기에 가격을 써주십시오. 그 중 가장 높은 가격을 쓰신 분에게 이 목걸이를 팔겠습니다."

이거 알면 더 재미있어요 — 밀라노

이탈리아의 밀라노는 볼거리가 많고 역사적·문화적으로 발달한 도시입니다. 또한 이전부터 유럽의 장사꾼들이 북적대는 상업도시인데, 무엇보다도 아랍의 희귀한 보석들과 동양의 신비한 골동품이 많이 모여들었습니다. 사라진 어떤 왕국의 왕관이나 왕비의 보물들이 이곳에서 공공연하게 거래되기도 했습니다. 따라서 부유한 사람들과 사치스러운 사람들이 늘 넘쳤습니다. 그러나 그런 이유 때문에 온갖 사기꾼과 도둑들이 들끓기도 했습니다. 이곳에서는 보석 때문에 일어난 사건이 끊이지 않았습니다.

"좋소. 그렇게 합시다."

"네, 그럼 주인이 결정될 때까지 이 목걸이는 잠시 덮어두겠습니다."

세 사람이 모두 찬성하자 박물관장은 보석상자를 닫은 뒤 흰 종이에 싸서 풀로 붙여 테이블 위에 놓았습니다.

잠시 후, 박물관장은 세 사람에게 쪽지를 나누어주었습니다.

"자, 쓰십시오. 쓰시는 동안 저는 잠시 화장실에 다녀오겠습니다."

그리고 박물관장은 문을 열고 밖으로 나갔습니다. 그런데 박물관장이 바깥으로 나가는 순간, 사무실의 전등이 꺼지면서 사방이 캄캄해졌습니다. 박물관장의 사무실은 창문이 하나도 없었기 때문에 조금의 빛도 보이지 않았습니다.

"어이쿠, 이게 뭐야?"

"어엇, 누가 불을 껐어!"

"정전인가본데, 빨리 불을 켜!"

세 사람은 소리를 질러댔습니다. 어쩌지도 못하고 앉은 채로 우왕좌왕 했습니다. 경찰관은 재빨리 문이 있는 쪽으로 달려가 스위치를 올렸습니다. 하지만 스위치는 말을 듣지 않았습니다.

전등이 들어온 것은 경찰관이 서너 번 더 스위치를 오르내리고 난 다음이었습니다.

"아아, 이제야 불이 들어왔군. 그나저나 목걸이는 안전하겠지?"

어느새 돌아왔는지 박물관장이 문 앞으로 들어서며 말했습니다. 그 말에 경찰관과 세 사람은 일제히 보석상자를 쳐다보았습니다. 다행히도 상자는 있던 자리에 놓여 있었습니다.

"자, 그럼 쪽지를 이리 주십시오."

박물관장이 말했습니다. 세 사람은 차례로 자신이 적은 쪽지를 건네주었습니다. 박물관장은 쪽지를 하나씩 펴보았습니다. 그런 다음, 입을 열었습니다.

"이 목걸이는 만초니 씨의 것입니다. 만초니 씨께서 가장 많은 금액을 써주셨군요."

"오오, 감사합니다. 아, 목걸이가 내 것이 되다니……. 이젠 이 보석상자를 다시 열어보아도 되겠지요?"

"물론입니다."

박물관장은 흔쾌히 고개를 끄덕였습니다.

만초니는 보석상자를 끌어당기고는 서둘러 종이를 찢고 열었습니다.

그런데 이게 웬일일까요? 목걸이는 감쪽같이 사라지고 없었습니다.

"목, 목걸이가 없어요. 목걸이가 어딜 간 거죠?"

사람들은 놀라서 보석상자를 쳐다보았습니다. 정말로 목걸이는 온데간데없이 사라지고 말았습니다.

"잠깐! 그렇다면 범인은 여기 계신 세 분 중의 한 분입니다. 아까 불이 꺼졌을 때, 여러 분 중의 한 분이 이 목걸이를 훔쳐 간 것입니다."

사람들이 놀라서 당황하고 있을 때, 박물관장이 입을 열었습니다.

"뭐, 뭐라고요? 우리가 훔쳤다고요?"

"그건 말이 안 됩니다. 우리는 수백만 달러를 내고서 이 목걸이를 사러 왔는데 구태여 훔칠 필요가 어디에 있겠소?"

"그렇소. 그건 억지요."

세 사람은 저마다 변명을 했습니다. 그러나 박물관장은 고개를 저었습니다.

"그건 핑계입니다. 목걸이를 사지 않고 훔쳐 가면 돈을 들이지 않아도 되니까요. 여러분 중에 한 분이 이 목걸이를 훔친 범인입니다."

과연 그럴까? 그렇다면 누가 범인이란 말인가?

잠시 후, 박물관장은 이번엔 경찰관을 향해 말했습니다.

"경관, 어서 이 세 사람을 조사해 보시오."

경찰관은 그 말을 듣고 얼른 세 사람을 차례로 돌아가며 몸수색을 했습니다. 심지어 속옷까지도 샅샅이 뒤졌습니다. 그러나 목걸이는 나오지 않았습니다.

경관은 고개를 갸웃거렸습니다. 어찌 된 일인지 알 수가 없었습니다. 분명 훔쳐 가려면 어딘가에 숨겼을 텐데 도무지 찾을 수가 없었던 것입니다.

경찰관은 다시 한 번 세 사람을 유심히 바라보았습니다. 모두가 어이

없고 당황한 표정이었습니다. 아니, 어쩌면 그런 표정을 지으며 연기를 하는지도 몰랐습니다.

'누굴까……. 저 세 사람 중에서 범인이 누굴까, 과연…….'

경찰관은 세 사람의 표정에서 손발까지 다시 보았습니다. 그들은 조금 떨고 있었습니다. 그런데 바로 그 순간, 경관은 박물관장에게 시선이 갔습니다. 그러더니 문득 이렇게 외쳤습니다.

"박물관장님, 바로 당신이 범인입니다."

"뭐, 뭐라고요? 경관, 당신 지금 제정신이오?"

박물관장은 벌떡 일어나 외쳤습니다. 놀라기는 세 사람도 마찬가지였습니다. 하지만 경관은 당황하지 않고 차분히 다시 한 번 말했습니다.

"틀림없이 박물관장님이 범인입니다."

"그런 어림없는 소리 하지 마시오. 내가 이 보석상의 주인인데 왜 이걸 훔친단 말이오."

"하하하. 아무리 주인이라도 이 목걸이를 판 돈은 박물관장님이 갖는 게 아니지 않습니까? 그러니 박물관장님은 이 목걸이를 훔쳐 다른 나라에 가져가 팔면 억만장자가 되겠지요."

"조, 좋소. 그렇다면 증거가 있소?"

박물관장은 떳떳하게 경관을 향해 물었습니다. 경관은 이번에도 침착하게 대답했습니다.

"바로 그 손이 증거입니다."

"손이 무얼 어쨌기에 그런 말을 하시오?"

"박물관장님은 분명 아까 손가락을 벌레에 물렸다고 말씀하셨습니다.

그리고 틀림없이 옥도정기를 발랐다고 했습니다."

"그랬소. 그게 뭐가 잘못되었소?"

"하하하. 옥도정기는 요오드라는 용액으로 만듭니다. 요오드가 녹말에 닿으면 짙은 청색으로 변하지요. 지금 박물관장님의 약 바른 손이 청색이 아닙니까. 즉 관장님은 화장실에 가는 척하면서 불을 끄고 되돌아와 요오드가 묻은 손으로 풀칠한 곳을 그대로 뜯은 후 재빨리 목걸이를 빼낸 다음 다시 붙였죠. 그 사이에 요오드가 녹말과 반응해서 그렇게 푸르게 변한 것입니다. 풀이 녹말의 성질을 가졌다는 것은 다 아시는 일일 테지요? 그러니까 박물관장님이 범인입니다."

"하지만, 저 두 사람도 약을 발랐소."

관장은 아직도 자신이 범인임을 인정하지 않으려는 듯 말했습니다. 그러나 경찰관은 그 말에도 당황하지 않았습니다.

"물론 두 분도 약을 발랐습니다. 산나차로씨는 염증이 생겨 약을 발랐다고 했습니다. 산나차로씨는 무슨 약을 발랐습니까?"

"그야 메틸바이올렛을 발랐죠. 염증에는 그게 최고니까."

"네, 그랬을 것입니다. 하지만 메틸바이올렛은 검푸른 색으로 변하지 않습니다. 아마 산나차로씨가 풀에 손을 댔다면 붉은 색이나 자주색으로 손가락이 변했을 것입니다. 팩스턴씨도 마찬가지고요."

박물관장은 더 이상 할 말이 없었습니다.

박물관장은 오래전부터 그 목걸이를 탐냈고, 자신이 훔친 뒤에 남에게 뒤집어씌우기 위해 목걸이를 사러 온 사람이 있을 때 훔치려고 했던 것입니다.

어떻게 이런 일이?

자연 속의 화가-요오드용액

이 이야기를 이해하기 위해서는 먼저 요오드 용액에 대해 알아야 합니다.
요오드 용액은 녹말과 반응하여 보라색으로 바뀌는 용액입니다. 녹말이 풍부한 음식, 이를 테면, 밀가루·쌀·감자·고구마 등의 음식에 요오드 용액을 떨어뜨리면 보라색으로 바뀝니다.

녹말과 요오드 용액이 만나 보라색으로 변하는 원리는 무엇일까요?

요오드 용액은 요오드 원자가 여럿이 모인 형태로 들어 있는데, 이 요오드 원자덩어리는 녹말에 아주 잘 달라붙습니다. 이렇게 해서 생긴 [녹말 분자-요오드 원자덩어리]는 원래 푸른 색입니다. 그래서 우리의 눈에는 진한 보라색 또는 청람색으로 보이게 되는 것이랍니다.

위와 같은 반응을 요오드-녹말 반응이라고 합니다. 이것은 요오드가 녹말에 들어 있는 빛깔을 나타내는 현상입니다. 특히 우유 속에 있는 녹말을 발견하는 방법으로 옛날부터 알려졌습니다. 이 반응은 매우 적은 양의 녹말이나 요오드만 있어도 잘 일어납니다.

약한 산성 용액에서 반응이 가장 잘 일어나는데, 0.00001M의 요오드만 있어도 반응이 나타납니다. 알칼리성 용액에서는 약하게 나타납니다. 또한 나타나는 색깔은 녹말의 종류에 따라 청색, 보라색, 적색, 갈색으로 차이가 있습니다.

감자로 녹말-요오드 실험을 해보세요. 감자를 강판에 간 뒤, 약국에서 파는 옥도정기(요오드팅크)를 몇 방울 떨어뜨리기만 하면 된답니다.

물의 여행 ① **구름이 생기는 원인**

길 잃은 바다에선
구름이 길잡이

922년, 견훤의 후백제와 왕건의 고려는 서로 피할 수 없는 승부를 벌였습니다. 단 한 번의 싸움이 나라의 흥망을 결정지을 수도 있어서 두 나라는 조금도 양보하지 않았습니다. 싸울 때마다 양쪽 진영에서는 최정예 군사들을 싸움터에 내보냈습니다. 두 나라는 각각 한 번 이기면 한 번 졌고, 어느 한 쪽이 우세한 듯하다가도 전세가 역전되기도 했습니다.

어느 날, 견훤의 작전참모라 할 수 있는 최승우가 견훤을 찾아와 진지하게 말했습니다.

"폐하, 아무래도 고려와의 싸움은 하루 이틀에 끝날 것 같지가 않사옵니다. 조금 더 먼 훗날을 내다보시는 것이 옳은 줄로 아옵니다."

"음. 나도 그런 생각을 하였소. 무슨 좋은 방법이라도 있소?"

"폐하, 지금 당장 중국 땅의 오월국에 사신을 보내 국교를 맺는 것이 어떨까 하옵니다. 만약 그리하여 관계가 좋아진다면 두 나라로부터 지원군을 얻을 수도 있지 않겠사옵니까?"

"오오, 그것 참 좋은 생각이오. 하긴 우리 백제는 예로부터 중국 땅의 여러 나라와 친했고, 한때는 중국 땅을 직접 다스린 적도 있질 않소. 당장 그 쪽에 사신을 보내도록 하시오."

견훤은 밝은 표정을 지으며 말했습니다. 최승우의 말대로만 된다면 왕건의 고려를 물리치는 것은 시간 문제라는 생각이 들었습니다.

그런데 왜일까요? 견훤의 밝은 표정이 다시금 어두워졌습니다.

"그런데 혹 우리가 사신을 보내는 것을 눈치 채고 고려의 병사들이 뒤쫓기라도 하면 어찌 하겠소?"

"그건 염려하지 마옵소서. 왕건의 고려군이 강하다고는 하나 해상의 전투력은 우리에게 미치지 못하옵니다."

그건 사실이었습니다. 비록 왕건이 몇 번 해상 전투에서 후백제군을 물리친 적은 있지만 아직은 백제에 비할 바가 아니었습니다.

며칠 뒤, 견훤의 친서를 들고 한 무리의 병사와 사신들이 서해 바다로 배를 몰았습니다.

"서둘러라! 나라의 운명이 달린 일이다."

사신들은 사공들을 재촉했습니다. 견훤의 특명을 받았는지라 어깨가 무거웠습니다.

다행히 날씨가 좋았습니다. 조금 흐리긴 했지만 바람이 적당히 불어 주어 배는 쉼 없이 서쪽으로 나아갔습니다.

"아, 하늘도 우리를 돕는구나. 이런 날씨가 며칠만 계속된다면 무사히 오나라에 도착할 수 있으련만……."

후백제의 사신은 갑판에 나와 바람을 쐬며 중얼거렸습니다.

그러나 사신의 그 바람은 다음 날 새벽 무참하게 깨지고 말았습니다. 전날부터 어둑해지던 하늘이 시커멓게 변하더니 동이 틀 무렵에는 급기

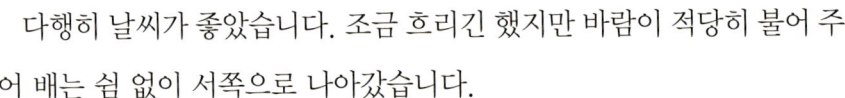

바다를 다루는 비결

후삼국시대에 후백제는 신라와 고려로부터 협공을 당했습니다. 나라를 지키기 위해서는 이웃 나라의 도움이 절실했습니다. 후백제가 의지할 수 있는 나라는 바다 건너 중국 땅의 오월국밖에 없었습니다. 다행히 후백제는 신라나 고려에 비해 해상력이 뛰어났습니다. 그것은 삼국시대 때부터 이미 백제가 일본에 많은 문물을 전파할 수 있었던 원동력이었습니다. 바닷길에 뛰어난 예지력을 가진 사람도 많았습니다. 하지만 이 시대에 바닷길과 바다의 기후를 잘 알 수 있는 유일한 방법은 자연현상을 잘 관찰하고 그것에 의지하는 길뿐이었습니다. 그것이 바로 바다를 다루는 비결이었습니다.

야 세찬 바람과 함께 억수 같은 비가 쏟아지기 시작했습니다.

"나리, 폭풍이옵니다. 어찌 해야 할지 모르겠습니다."

"뭐, 뭣이? 아직도 오나라는 멀지 않았느냐?"

"그렇습니다. 비바람이 멎지 않으면 곧 배가 뒤집힐지도 모르는 일이옵니다."

"아아, 이럴 수가……. 아니다. 그래도 여기서 포기할 수는 없다. 끝까지 버텨라! 너희들은 그 누구보다 훌륭한 백제의 뱃사람이 아니더냐."

사신은 뱃사공들을 격려하며 외쳤습니다.

그런 격려 덕분인지 앞도 분간할 수 없을 만큼 거세게 몰아치는 비바람과 산더미 같은 높은 파도와 싸우며 반나절 정도 지나자, 어느새 바람이 잦아드는 듯하더니 비바람이 멎었습니다. 그런데 이젠 더 큰 어려움이 그들 앞에 놓였습니다.

"나리, 겨우 폭풍우는 피했사오나 방향을 잃었사옵니다. 파도에 밀려 어디까지 얼마만큼이나 떠내려 왔는지 알 수가 없사옵니다."

사공의 말에 사신은 바닥에 털썩 주저앉고 말았습니다.

"아아, 하늘도 무심하여라. 어찌 이런 일이 있단 말인가?"

문제는 그뿐만이 아니었습니다.

"나리, 폭풍에 식량과 먹을 물마저 잃었사옵니다. 당장 내일부터 걱정이옵니다."

갈수록 태산이었습니다. 사신은 너무나도 어이가 없어 아무 말도 하지 못했습니다.

"서둘러 육지를 찾아라."

말은 그렇게 했지만 이미 하늘은 어두웠습니다.

다음 날, 날이 밝았지만 여전히 육지를 찾을 수가 없었습니다. 아무리 둘러보아도 사방은 짙푸른 바다였습니다. 반나절은 서쪽 혹은 동쪽으로, 또 반나절은 북쪽 혹은 남쪽으로 가보았지만 육지는 어디에도 나타나지 않았습니다.

"갈매기가 날아가는 쪽에 육지가 있다고 들었는데 갈매기도 보이지 않느냐?"

"그렇사옵니다. 바다 이외에는 아무 것도 보이지 않사옵니다."

"아아, 큰일이로다. 어찌 해야 한단 말인가."

게다가 날씨마저 무더웠습니다. 몇 무리의 뭉게구름만 보일 뿐 파란 하늘이 눈이 부실 정도였습니다. 뱃사공들은 지치기 시작했습니다. 견훤의 친서를 가진 사신도 지치기는 마찬가지였습니다.

"아아, 어떻게 육지를 찾는단 말인가?"

사신은 한탄을 했습니다.

그때였습니다. 사신의 호위임무를 맡은 젊은 병사 하나가 사신에게 달려왔습니다.

"나리, 제가 육지를 찾는 방법을 알고 있사옵니다."

"뭐, 뭣이? 그게 정말이냐?"

사신은 주저앉았다가 벌떡 일어났습니다. 너무나 반가운 말이었기에 병사의 손을 덥석 잡기까지 했습니다. 그러자 병사는 조금은 겸연쩍은 듯 입을 열었습니다.

"실은 제 아버지에게 들은 것인데, 바다에서 길을 잃으면 뭉게구름이

피어오르는 쪽으로 가라 했습니다."

"허허, 처음 듣는 이야기로다. 그 말이 틀림없으렷다? 네 아버지는 무슨 일을 하던 사람이냐?"

"오랜 옛날 할아버지 때부터 배를 타던 뱃사람이었습니다."

"오, 그래? 그렇다면 믿어도 되겠구나. 어서 뭉게구름이 피어오른 쪽으로 향해라!"

사신은 명령했습니다. 이윽고 남쪽으로 나가던 배가 방향을 바꾸어 뭉게구름이 피어 있는 북쪽을 향해 움직였습니다.

하지만 날이 다 저물고 밤이 깊었는데도 육지는 나타나지 않았습니다.

"으음. 대체 어찌 된 일이냐? 육지가 보이질 않지 않느냐? 혹 잘못 안 것이 아니더냐?"

"아니옵니다. 틀림없사옵니다."

"허허, 이놈아. 벌써 오랜 시간을 달렸는데도 육지가 보이지 않는데 대체 무얼 믿고 그런 말을 하는 것이냐?"

"나리, 바다에는 습기를 가진 구름이 많은데, 이 구름들은 항상 섬이나 육지 쪽에 머문다고 하옵니다. 왜냐하면 섬에서 생기는 상승기류 때문에 그렇다고 하옵니다."

과연 그랬습니다. 그 말을 마치고 얼마 되지 않아서 한 병사가 급히 뛰어오며 외쳤습니다.

"나리, 육지가 보입니다. 육지입니다!"

사신은 헐레벌떡 배의 갑판 위로 올라갔습니다.

멀리 육지가 보였습니다. 동이 틀 무렵이어서 희미하게 보이긴 했지만 육지가 틀림없었습니다.

"오오, 과연 육지로다. 이제야 길을 찾았도다."

다음날 아침, 사신의 배는 육지에 닿았습니다. 그곳은 오나라에서 그리 멀지 않은 섬이었습니다.

사신은 병사 덕분에 육지로 가는 뱃길을 찾았고 무사히 오나라에 이르렀습니다. 물론 사신은 견훤의 친서를 전달했고 오나라로부터 곧 돕겠다는 약속도 받아냈습니다.

병사 한 명의 지혜가 큰일을 해낸 것입니다.

어떻게 이런 일이?

구름아 나와라, 얍!

구름을 보고 육지를 찾을 수 있었던 데에는 구름이 만들어지는 원리가 숨어 있습니다. 먼저 구름이 만들어지는 원리부터 생각해 보아요.

1 저기압을 중심으로 공기가 모여들 때 구름이 생깁니다. 저기압이란 습도가 높은 공기를 말하는데, 공기가 저기압 주변에 모여 위로 올라가게 되면 기압과 온도가 낮아져 공기가 팽창하고 상대적으로 습도가 더 높아집니다. 이 공기가 한데 모여 구름이 됩니다.

2 산을 향해 바람이 불면서 산을 따라 공기가 위로 올라갈 경우 구름이 생깁니다. 기압과 온도가 낮아져 공기가 팽창하고 상대적으로 습도가 높아지면서 온도가 이슬점 이하로 떨어지며 구름이 만들어집니다.

3 태양열에 의해 땅 위의 기온이 올라가 공기의 온도가 높아지면 구름이 생깁니다. 습도가 많은 공기가 위로 올라가면서 기압과 온도가 급속히 떨어지고 많은 양의 습기가 한데 모여 구름이 만들어집니다.

4 찬 공기와 더운 공기가 만날 때에도 구름이 생깁니다. 찬 공기가 더운 공기 밑을 파고들면서 더운 공기를 위로 올려 보내면서 구름이 만들어집니다.

뭉게뭉게 피어오르는 뭉게구름은 바다가 아닌 육지에서 발생할 확률이 더 높습니다. 그러므로 뭉게구름을 보고 육지를 찾는 일이 가능한 것입니다.

① 공기가 모이는 경우
② 공기가 산을 넘는 경우

③ 지표면이 불균등하게 가열되는 경우
④ 찬 공기와 더운 공기가 만나는 경우

물의 여행 ❷ 비는 어떻게 생길까

소리로
비바람을 부르다니

"정말 그런 마을이 있다는 건가? 맑은 날에도 소리를 내면 비가 내리는 그런 마을이?"

"물론이네. 그 마을 사람이라면 누구나 소리로 비를 내리게 할 수 있다네. 그 마을엔 아주 맑은 호수가 있는데, 사시사철 물이 마르지 않는다고 해. 그래서 가뭄이라고는 없는 마을이라네."

두 명의 유명한 미국 과학자가 이상한 소문을 듣고 지금 그 마을로 가는 중입니다.

그 마을은 중국과 버마(미얀마)라는 나라의 국경선 근처에 있습니다. 고려궁산이라는 높은 산이 있는데, 그 산 아래 있는 마을이 바로 그렇다는 것입니다.

고려궁산의 꼭대기는 사계절 내내 흰 눈으로 덮여 있습니다. 여름에도 산꼭대기의 눈은 녹지 않습니다. 물론 여름이 되면 고려궁산 아래에 있는 마을에는 풀들이 푸르게 자라고 열매도 풍성하게 맺힙니다. 참으로 아름다운 마을입니다.

두 사람은 어느새 마을이 훤히 내려다보이는 산 중턱 고개에 다다랐습니다. 한 사람이 마을 옆의 큰 호수를 바라보며 말했습니다.

"자, 여기가 바로 그 마을이네. 저 아래가 마르지 않는다는 호수고."

과연 호수는 아주 맑아 밑바닥이 훤히 들여다보였습니다. 그 호수와 흰 눈이 덮인 고려궁산을 올려다보며 다른 과학자가 말했습니다.

"이상하군. 저 호수가 결코 마르지 않는단 말이지? 사람들이 매일 많

이거 알면 더 재미있어요 — 과학의 자리

중국과 버마(미얀마)의 국경지대는 고산지대입니다. 워낙 높은 지역이어서 수도시설은 커녕 농사를 잘 짓기 위한 관개시설조차도 잘 발달하지 못했습니다. 또한 고산지대라서 기층이 불안정하고 날씨를 쉽게 예측하기도 힘듭니다. 따라서 이 지역에서는 오로지 자연현상, 즉 비가 내려야 식수를 얻고 농사를 지을 수 있습니다. 그러나 이 지역 사람들은 과학자보다 더 과학적으로 자신들이 처한 불리한 자연현상을 이용해 비를 내리게 한답니다. 과학이란 실험실에 있는 것만이 아니라 삶의 한가운데 있음을 몸소 보여주는 셈입니다.

은 물을 끌어다 쓰면 곧 바닥이 날 것 같은데 말이야."

"하지만 결코 그런 일은 생기지 않는다네. 바닥이 마를 때가 되면 마을 주민이 소리를 지르고, 그 소리를 듣고 비가 내린다니 말이야."

참으로 알 수 없는 일이었습니다.

과학자들은 그것이 사실인지 확인해 보기로 했습니다. 두 사람은 마을의 추장 집으로 갔습니다.

"이 마을 사람들이 소리를 지르면 비가 내린다는데 사실입니까? 우리가 있는 데서도 보여줄 수 있습니까?"

그러자 추장은 웃으며 말했습니다.

"허허허. 얼마든지 보여드릴 수 있습니다. 마침 호수의 물이 얕아져서 비를 내리게 할 참인데 같이 산 위로 가십시다."

추장은 흔쾌히 승낙한 뒤 두 과학자를 데리고 산 위로 올라갔습니다.

"자, 이쯤이면 좋겠군요."

추장이 멈춘 곳은 마을과 호수가 훤히 내려다보이는 곳이었습니다.

"하지만 지금은 햇볕이 쨍쨍 내리쬐는데 정말 비가 올까요?"

과학자들은 하늘을 올려다보며 말했습니다. 눈부신 햇살이 내리비쳐 결코 비가 올 것 같지 않았기 때문입니다.

"허허, 두고 보십시오."

이내 추장은 옷을 한 겹 벗더니 크게 심호흡을 했습니다. 그러고는 두 손을 입에 모으고 소리쳤습니다.

"비야, 내려라! 비야 내려라!"

추장은 있는 힘껏 소리를 질렀습니다. 그 소리는 마을과 산과 계곡을 따라 멀리 퍼져 나갔습니다.

'설마……'

두 과학자는 믿지 못하며 고개를 가로저었습니다.

바로 그때였습니다. 푸른 하늘에 서서히 안개 같은 구름이 모여들기 시작했습니다. 추장이 더 힘껏 소리를 지르자 더 많은 구름이 하늘을 뒤덮었습니다. 그리고 잠시 후에는 정말로 빗방울이 떨어지기 시작했습니다.

"쏴아아!"

곧 빗방울은 커졌고 소나기 같은 비가 내리기 시작했습니다.

"하하하, 어떻소?"

추장은 의기양양해서 말했습니다.

두 과학자는 어리둥절해하며 고개를 갸웃거렸습니다.

"아니, 어떻게 이런 일이……. 혹시 추장이 신기한 마술이라도……."
"아닐세. 난 알 것 같네."
한 과학자가 영문을 알 수 없어 하자 다른 과학자가 고개를 저으며 말했습니다.
"안다고? 그럼, 자네는 소리를 치며 비가 내리는 이 현상을 설명할 수 있단 말인가?"
"그래, 바로 공기와 소리의 절묘한 조화일세."
"허허, 답답하군. 자세히 좀 설명해 보게."
"알겠네. 아마 저 고려궁산 위쪽은 늘 눈으로 덮여 있어 항상 찬 공기가 머무를 것이네. 반면에 산 아래와 골짜기 쪽은 지금이 7월이니 여름이고, 또 장마철이니 덥고 눅눅한 공기가 가득할 것 아닌가."
"그런데 그게 어쨌단 말인가?"
"이 사람아. 비가 어떻게 만들어지는가? 찬 공기와 더운 공기가 뒤엉키고 섞여야 만들어지는 것 아닌가?"
"그건 그렇네만……."
"바로 그것일세. 산 위의 찬 공기와 골짜기의 덥고 눅눅한 공기는 평소에는 안정된 상태로 움직이지 않고 그 자리에 머무르네. 그런데 소리를 질러 음파가 이 두 공기를 뒤흔들어 버리는 것일세. 그러니 찬 공기와 더운 공기가 뒤엉킬 테고 그러면 구름이 만들어지고 비가 올 것 아닌가."
"아아, 그렇군. 자네 이야기를 듣고 보니 정말 그렇군."
이야기를 듣던 다른 과학자는 연신 고개를 끄덕였습니다. 이제야 이 골짜기의 비밀을 알 수 있게 된 것입니다.

어떻게 이런 일이?

추장님의 비 내리는 솜씨

추장님의 비 내리는 솜씨는 어디서 온 것일까요? 일단 비가 내리는 과정부터 살펴보기로 해요.
비가 내리기 전에 먼저 구름이 생깁니다. 그러면 구름의 정체는 무엇일까요? 구름은 멀리서 바라보면 푹신하고 뽀송뽀송한 솜털 같지만 실제로는 작은 물방울들의 모임입니다.
구름은 지표면 위의 수증기를 포함한 공기가 따뜻해져서 위로 올라간 뒤 공기의 온도가 다시 낮아질 때, 공기 중에 있던 수증기가 작은 물방울로 바뀌어 생깁니다. 이때 과냉각수적(영하의 온도에서도 얼지 않는 물방울)과 빙정(얼음결정)도 자연스럽게 생깁니다.

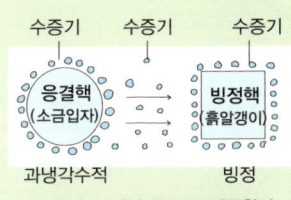

※ 수증기가 빙정 쪽으로 이동한다. 빙정이 점차 커진다.

수증기는 처음에는 이 두 군데를 자연스럽게 오가지만, 점점 빙정 쪽으로 모입니다. 그렇게 되어 빙정이 커지면 무게를 견디지 못하고 아래로 떨어집니다. 이때 빙정의 상태로 떨어지면 눈이 되고, 떨어지면서 빙정이 녹으면 비가 됩니다.
빙정은 아래로 떨어지기 직전에 매우 불안한 상태입니다. 그래서 조금만 충격을 주어도 바로 이웃한 빙정끼리 합치거나, 더 많은 수증기가 모여들어 아래로 떨어집니다.
고려궁산 추장의 큰 목소리는 이 이야기에서와 같이 찬 공기와 더운 공기를 부딪치게 하여 구름을 만들어 내고(구름의 생성 원리는 '길 잃은 바다에선 구름이 길잡이' 참고), 불안한 빙정에 충격을 준 것입니다.

물의 여행 ③ **눈송이가 만들어지는 원리**

방안에 내린 눈

1773년 겨울, 독일의 한 작은 도시에 수십 년 만에 차가운 날씨가 찾아왔습니다. 영하 30도를 오르내리는 날씨 때문에 거리는 사람들의 인적마저 끊겨 아주 조용했습니다.

하지만 그 도시의 중심에 있는 한 무도회장은 휘몰아치는 겨울바람에도 불구하고 사람들로 북적거렸습니다.

저녁이 깊어가자 무도회장에는 많은 사람이 모여들었습니다. 잘 생기고 멋진 양복을 차려입은 신사들과 아름다운 드레스에 곱게 화장을 한 아가씨들이 콧노래를 부르며 무도회장 안으로 들어갔습니다. 무도회장은 발 디딜 틈도 없이 사람들로 꽉 들어찼습니다.

사람들은 악단이 연주하는 음악에 맞추어 춤을 추거나 한쪽에서 음식을 먹었습니다. 몇몇 남자는 구석에서 담배를 피우며 무언가 재미있는 이야기를 나누기도 했습니다. 사람들은 바깥의 추위를 잊고 아주 즐거워했습니다.

하긴 그럴 만도 했습니다. 밖은 영하 30도의 날씨였지만, 무도회장 안에는 곳곳에 커다란 난로를 피워 놓은데다가 창문도 꼭꼭 닫아두어 훈훈했던 것입니다.

그런데 얼마쯤 시간이 지났을까요?
"아악, 사람이 쓰러졌어요!"

독일 북부 지역의 겨울

독일 북부 지역의 겨울은 몹시 춥습니다. 지금은 공해로 인해 덜 하지만, 예전에는 한겨울 기온이 몹시 낮았습니다. 그리하여 독일 북부 지역 사람들은 몸을 덥히기 위해 집집마다 맥주를 제조하여 마셨습니다. 다행히 삼림자원이 풍부해서 난방은 크게 걱정하지 않았지만, 환기시설은 부족하여 실내는 늘 건조하고 먼지도 많았습니다. 심지어 바깥과 실내의 기온 차가 30도 이상이 넘는 경우도 많았습니다. 이런 심한 기온차 때문에 이 이야기처럼 생각지도 못한 뜻밖의 일이 일어난 거랍니다.

누군가 한쪽에서 소리를 쳤습니다. 그 한마디에 무도회장 안을 가득히 울리던 음악소리가 멎고 사람들은 무도회장 한가운데로 모여들었습니다. 그곳에는 아가씨 세 사람이 쓰러져 있었습니다.

"아니, 대체 무슨 일이에요?"

"모르겠어요. 이쪽 아가씨는 갑자기 어지럽다고 하면서 쓰러졌어요."

"그럼, 저쪽 아가씨는요?"

"저쪽의 두 아가씨는 숨을 쉬기가 힘들다면서 비틀거리더니 폭 고꾸라졌지요."

이야기를 듣던 젊은 청년 한 사람이 갑자기 사람들 사이를 뚫고 창 쪽으로 다가갔습니다. 그러고는 난데없이 의자 하나를 창문으로 집어던졌습니다.

"쨍그랑!"

유리창이 산산조각 나며 부서졌습니다. 순간, 무도회장에 있던 사람들은 일제히 유리창을 쳐다보았습니다. 무도회장의 더운 공기 때문에 김이 서린 창은 사라지고 대신 바깥의 어둑한 모습이 나타났습니다.

"대체 무얼 하는 짓이오?"

나이가 든 신사 한 사람이 유리창을 깬 청년에게 다가가 물었습니다.

"저 세 아가씨는 공기가 부족해서 쓰러진 것입니다. 이제 신선한 공기가 들어올 테니 곧 괜찮아질 것입니다."

바로 그때였습니다. 청년의 말이 채 끝나기도 전에 쓰러진 아가씨들이 숨을 돌리며 정신을 차렸습니다.

"아아, 이젠 좀 살 것 같아요. 너무 답답해서 숙는 줄 알았어요."

그럴 만했습니다. 문이란 문은 꼭꼭 닫아 놓은데다가 커다란 난로에, 사람들이 내뿜는 뜨거운 숨과 담배연기가 무도회장을 답답하게 만들었던 것입니다.

하지만 정말 놀랄 일이 그 다음에 일어났습니다. 한 남자가 큰 소리로 외쳤습니다.

"눈이다. 눈이 내린다!"

갑자기 무슨 말일까요? 사람들은 일제히 천장 쪽을 쳐다보았습니다. 거짓말이 아니었습니다. 분명 눈이 흩날리며 사람들 머리 위로 떨어졌습니다.

"아아, 바깥에 눈이 오는가 봐요."

"그래요. 낮부터 날씨가 좋지 않더니 기어코 눈보라가 치는 모양이오."

사람들은 저마다 그런 소리를 하면서 깨진 창 쪽으로 다가갔습니다. 그런데 이게 웬일일까요? 어둑한 창 밖에는 눈 한 송이 내리지 않았습니다. 아니, 저 너머 산 위쪽에는 달이 떠 있고 별들도 반짝였습니다. 그런데 눈이라니…….

다음 날 아침, 신문을 받아든 그 도시의 사람들은 깜짝 놀랐습니다.

무도회장 안에만 눈이 내리다……

이 수수께끼 같은 일은 대체 어떻게 일어난 것일까요?

어떻게 이런 일이?

우리집 안방에도 눈이 펑펑 내릴 수 있다고?

무도회장의 눈은 눈에 보이지는 않았지만 무도회장 안에 가득했던 수증기가 얼어서 생긴 것입니다. 수증기가 무도회장을 떠다니다가 갑자기 밀려들어온 찬 공기로 인해 곧바로 얼어서 눈이 된 것입니다. 그런데 궁금한 것은, 눈은 공기 속에 있는 먼지와 같은 미세한 물질에 아주 작은 수증기 알갱이들이 달라붙어 얼면서 만들어지는데 과연 무엇이 응결핵의 구실을 했을까 하는 것입니다. 아마 무도회장 안에서는 먼지뿐 아니라 신사들이 피운 담배연기의 작은 알갱이가 응결핵의 구실을 했을 것입니다. 수증기들이 갑자기 얼면서 담배연기의 작은 알갱이에 달라붙어 순식간에 눈을 만든 것이지요.

응결핵이 없었다면 이런 일은 일어나지 않았을 것입니다. 보통 공기 중에는 응결핵이 될 만한 것이 항상 있기 때문에 온도와 습도 등의 조건만 갖추어지면 언제든 구름이 만들어지고 눈과 비가 내릴 수 있습니다. 보통 공기 중에서 응결핵의 역할을 할 수 있는 것으로는 바다에서 물보라가 증발하고 난 뒤 생기는 아주 작은 소금 입자, 어떤 물질이 타고 난 뒤에 생기는 연기, 먼지 등이 있습니다. 이러한 응결핵은 공기 중에서 수증기를 모아 구름을 만들고 눈과 비를 만드는 역할을 합니다. 그러니까, 조건만 맞으면 우리집 안방에도 눈이 펑펑 내릴 수가 있는 거지요.

*눈의 결정이 생기는 과정

물이 얼면 육각형의 알갱이가 됩니다. 이 알갱이의 가장자리에 수증기가 달라붙으면서 눈이 되지요. 눈 모양은 모두 제각각인데, 기온이 낮고 습기가 적으면 모양이 단순한 눈이 되고, 기온이 높고 습기가 많으면 아주 화려한 눈이 된대요.

씨앗이 번식하는 방법 콩알 폭죽의 무시무시한 힘

녹색 총알을 쏜 범인

1967년 11월, 일본의 한 박물관에서 〈세계 희귀식물 전시회〉가 열렸습니다. 세계 어느 곳을 돌아다녀도 보기 힘든 희귀한 식물이 많이 전시되었기 때문에 관람하러 온 사람들로 몹시 북적거렸습니다.

식물들은 모두 투명한 유리병에 담겨 진열대 위에 가지런히 놓여 있었습니다. 전시실 곳곳에서 관리인들이 두 눈을 부릅뜨고 식물을 지켰습니다. 희귀한 만큼 비싼 식물도 많았고, 식물이 다칠 것이 걱정되었기 때문입니다.

그런데 언제쯤이었을까?

"피융!"

사람들로 빼곡한 전시장에서 귀를 찢을 듯한 소리가 들렸습니다.

그리고는 곧이어 유리 깨지는 소리가 전시장을 울렸습니다.

"쨍그랑!"

갑자기 전시장 안은 사람들의 비명과 웅성거림으로 아수라장이 되고 말았습니다.

"총소리다! 누군가 총을 쐈다!"

누군가가 외쳤습니다. 그 소리는 틀림없이 총소리였습니다. 사람들은 지레 겁을 먹고 우르르 출입문 쪽으로 달려 나갔습니다. 사람들이 한꺼번에 몰리면서 서로 부딪치고 발에 걸려 넘어지기도 했습니다.

"살려줘요!"

사람들이 외쳤습니다. 식물을 지키던 관리인들조차 무슨 일을 먼저 해야 할지 몰라 우왕좌왕했습니다. 그러는 사이 총소리가 한 번 더 울렸습니다.

"피융, 탕!"

그리고는 연이어 방금 전에 그랬던 것처럼 유리창이 박살나는 소리가 들렸습니다.

"쨍그랑! 챙!"

박물관장이 달려 나오며 외쳤습니다.

"권총강도다. 식물을 지켜!"

소동이 잠잠해진 것은 그로부터 한참 시간이 지난 뒤였습니다. 신고를 받고 출동한 경찰관이 안

밖을 통제한 뒤에야 전시장은 평온을 되찾았습니다. 하지만 깨진 유리창과 관람객들의 소동으로 흐트러진 전시장은 어수선하기만 했습니다.

"도대체 무슨 일입니까?"

"권총강도가 들었어요. 희귀식물을 노린 것이지요. 아마 총을 쏜 뒤에 소동이 일어나면 혼란한 틈을 타서 희귀식물을 훔쳐가려 했던 것 같습니다."

수사를 나온 무라카미 경사가 묻자 박물관장이 대답했습니다.

"권총강도라고요?"

"네, 여기 유리창을 보세요. 여기 총알 자국이 나 있고, 관람대 안의 이중유리가 모두 깨졌잖아요."

박물관장의 확신에 찬 말에 무라카미 경사는 깨진 유리가 있는 곳을 유심히 살펴보았습니다. 정말로 두터운 유리에 총알이 뚫고 지나간 구멍이 선명하게 나 있었습니다.

"그렇군요. 이봐, 나가시마 경관! 총알이 지나간 방향 쪽에서 총알을 찾아보게. 총알구멍의 크기로 보아 38구경의 권총 같군."

1960년대 일본

1960년대 일본은 경제적으로 도약을 준비하던 시기였습니다. 그리하여 만국박람회를 개최하고, 수많은 국제행사를 열어 외국 사람들을 끌어들였습니다. 그들은 자신들이 가장 약한 분야라고 생각하던 자연과학에도 관심을 기울여 식물전시회나 곤충박람회도 열었습니다. 그러나 당시 일본인들은 희귀식물 전시회를 열면서도 그 식물들의 특성을 잘 알지 못해 재미있는 일화를 많이 남겼습니다. 이 이야기처럼 꽃씨가 터져 유리창이 깨진 것도 모르고 경찰이 수사를 펼친 웃지 못할 일도 이때에 일어났습니다.

박물관장의 말에 고개를 끄덕인 무라카미 경사가 부하 경찰관을 불러 말했습니다. 나가시마 경관은 그 분야의 최고 전문가였습니다.

그런데 웬일인지 명령을 받고 즉시 조사에 나섰던 나가시마 경관은 서너 시간이 지난 후에도 총알을 찾지 못했습니다.

"총알을 찾을 수가 없습니다."

"뭐야? 금속 탐지기까지 동원해 보았나?"

"금속 탐지기뿐만 아니라 경찰견까지 동원했습니다. 그래도 찾을 수가 없었습니다."

나가시마 경관의 말에 무라카미 경사는 실망에 가득 찬 얼굴이 되었습니다. 그도 그럴 것이 화약 냄새만으로 총의 종류까지 알아낸다고 소문난 나가시마 경관이 총알을 못 찾았다니 범인을 찾기가 어려워질 것이라는 생각 때문이었습니다.

잠시 후 무슨 생각이 떠오른 듯 무라카미 경사가 박물관장에게 물었습니다.

"참, 그런데 어떤 식물이 없어졌습니까? 비싼 식물입니까?"

"아닙니다. 없어진 식물은 없습니다."

"네?"

무라카미 경사는 조금 놀랐습니다. 다행이라는 생각도 들었지만 조금은 의외였습니다.

"좋습니다. 그럼 다행이군요. 근처를 이 잡듯 뒤져서라도 범인을 찾아내고야 말겠습니다."

하지만 무라카미 경사는 좀 난감했습니다. 왜냐하면 범인을 찾을 실마리를 단 하나도 발견하지 못했기 때문입니다.

'대체 누구일까? 총을 어디서 쏜 것일까?'

이런 저런 생각을 하며 무라카미 경사는 총알로 인해 구멍이 난 유리창으로 다가갔습니다.

거기서 무라카미 경사는 이상한 사실을 하나 발견했습니다.

'묘한 일이다. 총알 자국으로 보자면 분명 총은 아래에서 쏘았는데……. 그렇다면 자세를 낮추고 위로 올려 쏘았단 말인가? 범인이 사람은 다치지 않게 하려고? 설마……. 아니, 그런데 이건 뭐야? 총알이…….'

순간 무라카미 경사는 고개를 갸웃거렸습니다. 얼른 나가시마 경관을 불렀습니다.

"이보게! 자넨 무기 전문가이니 이 총알구멍을 잘 보게. 총알이 어디서 날아온 것 같나?"

"음."

나가시마 경사는 조심스럽게 총알구멍을 살펴보았습니다.

"이상하군요. 총알구멍 옆의 유리가 파손된 흔적으로는 진열장 안쪽에서 총알이 날아온 것 같네요."

"맞아. 바깥쪽 유리는 멀쩡한데, 안쪽의 총알구멍 옆 유리가 깨졌지?"

"네, 그렇다면 틀림없이 총알은 바깥이 아니라 진열장 안쪽에서……. 그럼, 어찌 된 일이야? 누군가가 이 좁은 진열장 안쪽으로 기어들어가 총을 쏘았단 말이야? 설마……."

바로 그때였습니다. 박물관 바깥을 지키던 경관이 다가왔습니다. 그 옆에는 중학생쯤으로 보이는 소년이 서 있었습니다.

"반장님, 이 소년이 총을 쏜 범인을 안다고 합니다."

"뭐, 뭐야? 그게 정말이야? 네가 그 범인을 안단 말이니?"

"네, 압니다. 범인은 이 안에 있습니다."

"뭣이? 이 안에?"

무라카미 경사는 재빨리 박물관 안을 둘러보았습니다. 박물관 안에는 경찰관 서너 명과 박물관장뿐이었습니다. 그렇다면 박물관장이 자작극을……?

"얘야, 대체 범인이 누구란 거냐?"

이상한 생각에 나가시마 경관이 물었습니다. 그러자 소년이 자신 있게 진열장 안쪽을 가리키며 말했습니다.

"범인은 바로 저 콩입니다."

"콩이라고?"

사람들은 일제히 소년이 가리킨 진열장 안쪽의 콩에 시선을 돌렸습니다. 그곳에는 처음 보는 이상하게 생긴 콩나무가 있었습니다. 물론 그 콩나무가 심긴 유리병은 깨져 있었습니다.

"저 콩이 어쨌다는 거냐?"

"콩의 열매는 바싹 마르게 되면 총알처럼 튕겨져 나옵니다. 콩과 같은 식물이 제 씨앗을 멀리까지 퍼트리는 방법이지요. 가령, 민들레는 낙하산 같은 털이 달려 있어 멀리 날아갈 수 있고, 단풍나무 씨는 프로펠러 같은 것이 달려 있어 멀리 날아갈 수 있는 것처럼 말이에요."

"그, 그럼……저 콩의 힘이 그렇게 세단 말이냐? 이 진열장의 유리를 뚫을 정도로?"

"네. 다 그런 것은 아니지만 어떤 콩 열매는 튀어 나갈 때 사람이 맞으면 큰 상처를 입는 경우도 있습니다. 경관님께서 직접 주위에 떨어진 콩을 주워 살펴보세요. 아마 유리 파편이 박혀 있을 거예요."

그 말에 나가시마 경관은 얼른 옆에 떨어진 콩을 주워들었습니다. 그리고 돋보기를 꺼내 자세히 살폈습니다. 과연 콩에 유리가루 흔적이 보였습니다.

나가시마 경관은 그 콩을 총알구멍에 대어보았습니다. 정말로 총알구멍과 딱 맞았습니다.

"아아, 정말이었구나. 대체 너는 이 사실을 어찌 알았지?"

"제 꿈이 식물학자거든요. 하하하."

덕분에 경관들은 어렵지 않게 범인을 잡을 수 있었습니다.

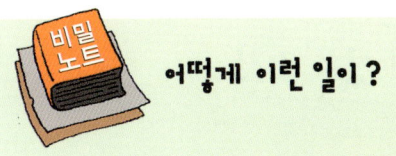

어떻게 이런 일이?

죽기살기, 씨앗의 힘

식물은 여러 방법으로 씨앗을 퍼트립니다. 가령 단풍나무의 씨앗은 날아가기 좋게 프로펠러와 같은 날개가 달려 있고, 민들레의 꽃씨는 낙하산 모양의 부드러운 솜털이 달려 있어 여린 바람에도 멀리까지 날아갈 수 있습니다. 도깨비풀 같은 식물의 씨앗은 짐승의 털에 묻어서 이동하고, 갯버들 씨앗은 물에 떠서 이동하지요.

이 이야기에 나오는 콩은 꼬투리가 터져서 씨앗을 멀리 보냅니다. 어떤 식으로든 멀리 보내야만 많은 자손을 넓은 영역에 퍼트릴 수 있기 때문이지요.

강낭콩의 경우, 씨앗이 덜 익었을 때는 꼬투리에 싸여 있다가 익어서 건조해지면 껍질이 비틀리면서 터져서 씨앗이 튀어 나갑니다. 이때 꼬투리가 잘 말려져서 순식간에 비틀리면 씨앗이 튀어 나가는 힘과 속도가 대단해지고 튀어 나가는 거리도 길어집니다.

콩이 꼬투리 밖으로 튀어 나가는 힘은 그냥 손으로 콩을 던졌을 때보다 훨씬 큽니다. 그 이유는 콩 꼬투리 안과 밖의 압력 차이 때문입니다. 폭죽을 터뜨리면 굉장한 힘과 속력을 내며 내용물이 튀어 나가듯이 꼬투리 안의 기압이 높기 때문에 콩 꼬투리가 비틀어질 때 순간적으로 매우 큰 힘과 속력으로 씨앗이 튀어 나가는 것입니다.

우리나라에서는 거의 없었지만, 옛날에 중국에서는 콩을 수확하다가 눈을 다친 사람들이 가끔 있었다고 합니다. 바로 이 튀어 나가는 힘이 대단해서 순간적으로 콩에 맞아 실명을 한 것이지요.

강낭콩 외에 꼬투리가 터져서 꽃씨가 퍼지는 것으로는 콩, 팥, 봉숭아, 참깨, 나팔꽃, 사철나무, 무궁화, 괭이밥, 제비꽃 등이 있답니다.

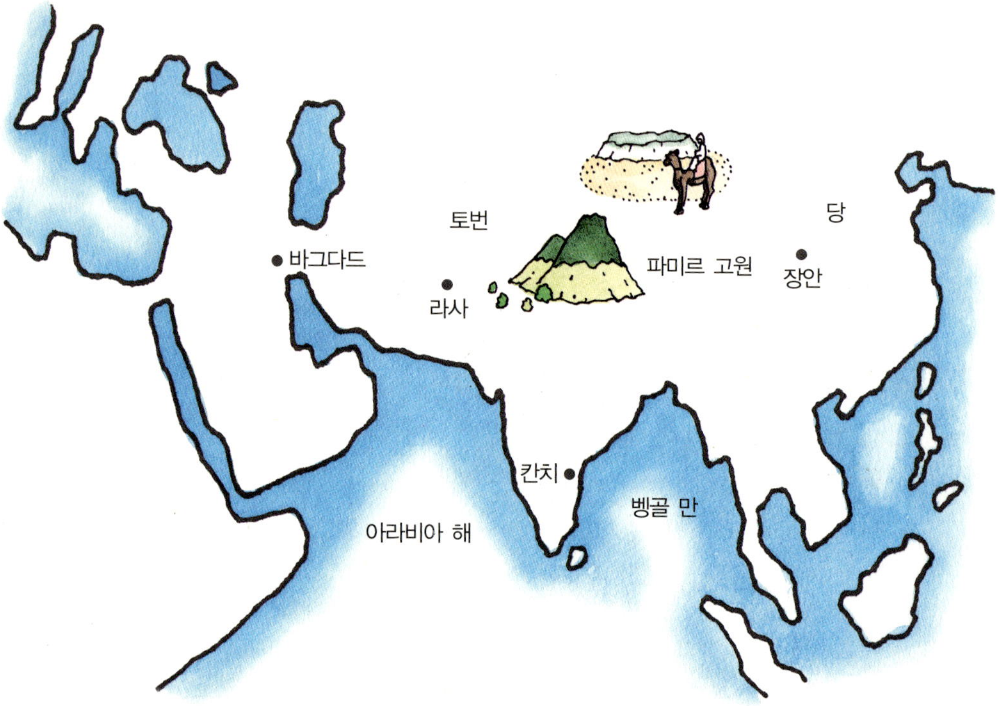

가속도의 에너지 전환 칼싸움에 숨어 있는 과학

성문 돌파 칼싸움의 과학

735년, 당나라 병사 수만 명이 서쪽의 파미르 고원을 향해 사막을 가로질렀습니다. 그들의 선두에 선 장수는 고선지였습니다.

고선지는 고구려 사람입니다. 그의 아버지 고사계는 고구려가 멸망할 때 당나라로 귀화하여 장수로 활약하였습니다. 고사계는 아들 고선지를 전쟁터에 데리고 다니면서 늘 말했습니다.

"우리는 고구려 사람이다. 늘 잊어서는 안 된다. 지금은 비록 나라를 잃고 당나라의 백성이 되었지만 저 위대한 광개토대왕의 후손임을 잊지 말아야 하느니라."

무예를 익히며 장성한 고선지는 당나라의 장수가 되었고, 황제의 명령을 받아 서역정벌에 나섰습니다.

고선지는 다른 당나라 장수들이 엄두도 내지 못하는 사막을 가로질렀습니다. 드디어 파미르 고원 끝에 사는 토번족과 마주쳤습니다. 토번족은 높은 언덕 위에 성을 쌓고 당나라 군대를 기다렸습니다.

"공격하라! 성문을 열고 단숨에 적을 섬멸하라!"

고선지는 토번족이 견고하게 쌓아놓은 성을 포위하고 큰 소리로 외쳤습니다. 당나라 병사들은 고선지의 명령이 떨어지자 말을 달려 성으로 진격했습니다.

그러나 생각만큼 성을 쉽게 차지할 수는 없었습니다. 토번족은 성문을 굳게 달아 걸고 높은 성벽 위에서 화살을 퍼부어댔습니다. 화살이 폭우처럼 쏟아졌습니다. 성으로 달려들던 당나라 병사들은 높은 성벽 위에서 쏘아대는 화살에 맞아 쓰러졌습니다.

토번족은 높은 성 위에 있다는 이점을 이용해 돌을 굴리기도 했습니다.

성문 돌파 칼싸움의 과학 | 91

그 탓에 당나라 병사들은 조금도 전진하지 못하고 번번이 물러나야 했습니다.

"으음. 놈들의 저항이 만만치 않도다. 장수들에게 좋은 생각은 없는가?"

고선지는 장수들을 모아놓고 물었습니다. 그러나 장수들은 하나같이 입을 열지 못했습니다.

"장군님, 놈들의 성은 높은 곳에 있고 그 아래는 자갈밭이옵니다. 말들도 달리기 어렵고 우리 병사들이 접근만 하면 돌을 굴려대니 감히 성 가까이 다가갈 수조차 없습니다."

"그렇습니다. 운제(성벽을 기어오를 때 사용하는 이동식 사다리차)를 만들어 공격해 볼까도 생각했으나 자갈밭을 지나갈 수가 없사옵니다."

"게다가 성을 어찌나 튼튼하게 쌓아놓았는지 포차(돌을 날려 보내는 기

이거 알면 더 재미있어요 — 고선지 장군

고선지 장군은 고구려의 후손입니다. 고구려가 신라와 당나라의 연합군에 멸망하자 고구려 유민 상당수는 당나라의 지배를 받게 되었습니다. 고선지는 이 유민의 자손으로 일찍이 당나라 장수들의 눈에 띄어 서북쪽 공략의 선봉장이 되었습니다. 그는 당나라 장수들도 해내지 못하는 전공을 이루며 당나라 왕실로부터 신임을 받았습니다. 그런 그의 뒤에는 봉상청이라는 뛰어난 재사(才士, 작전참모 격인 사람)가 있었습니다. 봉상청이 불구인데다가 추남이어서 아무도 발탁하지 않았는데, 고선지는 그를 알아보고 기용했던 것입니다. 이후에도 고선지는 곳곳에서 승전을 거듭하며 고구려 후손의 용맹을 널리 알렸습니다.

구)로 공격해 보았지만 성벽에 금도 가지 않습니다."

고작 한다는 소리는 이렇게 막막하기만 했지 요긴한 의견을 내는 장수가 없었습니다.

"그렇다면 그들의 성 중에서 가장 약한 곳이 어디냐?"

"가장 약한 곳이라면 당연히 성문이옵니다. 나무로 되어 있으니 포차를 이용해 정확히만 맞출 수 있다면 부서질 수도 있을 것입니다."

"그렇다면 충차(성문을 부술 때 쓰는 앞이 뾰족한 공격도구)를 만들어 공격하는 것이 어떻겠느냐?"

"장군, 그것은 좋은 방법이 아니옵니다. 말씀드렸다시피 놈들이 성문 앞에 자갈을 깔아 놓아 충차를 끌고 가도 문 앞에 이르면 힘이 떨어져 효과가 없사옵니다."

하긴 그랬습니다. 충차는 멀리서 달려오며 가속도를 이용해 그 충격으로 문을 부수는 기구였습니다. 그러나 성문 앞이 자갈길이어서 아무리 멀리서 달려와도 자갈길에 이르면 힘이 떨어지고 말았습니다.

그때였습니다. 봉상청이란 신하가 나섰습니다. 그는 고선지의 작전참모였습니다.

"장군, 저에게 좋은 생각이 있사옵니다. 시간을 허락해 주신다면 제가 해보겠사옵니다."

봉상청은 묘한 표정으로 웃으며 말했습니다. 그는 애꾸눈에 한쪽 다리를 저는 절름발이였습니다. 그 때문에 다른 많은 장수가 그를 꺼렸지만 고선지는 그의 영리함을 알아채고 전쟁터에 데리고 나녔습니다. 실제로

봉상청은 고선지가 전쟁터에 나갈 때마다 기발한 꾀를 내어 고선지가 승리하도록 도왔습니다. 말하자면 봉상청은 고선지의 오른팔이었고 머리였습니다.

고선지는 봉상청을 쳐다보며 말했습니다.

"시간이 아주 많지는 않지만 성문을 부술 수 있다면 어떤 방법이든지 해보시오. 대체 무슨 방법이오?"

"장군, 우선 군사를 세 무리로 나누십시오. 먼저 한 무리는 성문의 반대편을 공격하게 하고, 또 한 무리는 성문 앞에 토산(土山, 흙으로 만든 산)을 쌓게 하십시오. 그리고 나머지 한 무리는 쉬게 하였다가 처음의 무리가 공격이 끝나면 교대하게 하십시오."

"음. 알겠소. 그런데 토산이라니 무슨 말이오?"

"말 그대로 적의 성문 앞에 높다란 토산을 쌓자는 것이옵니다."

"이제야 알겠소. 오래전 당나라가 고구려의 안시성을 공격할 때 했던 것처럼 말이오?"

물론 고선지는 그 당시 태어나지는 않아서 이야기로만 들은 것이지만 고구려 사람으로서 가슴 아픈 기억이었습니다. 당나라가 옛날에 고구려의 안시성을 공격할 때, 안시성보다 높은 토산을 쌓고 그 위에서 안시성을 내려다보며 공격을 시도한 적이 있었습니다. 결과적으로는 고구려 병사들의 민첩한 행동으로 오히려 토산을 고구려병사들에게 빼앗기기는 했지만 말입니다.

그런데 봉상청은 무슨 생각을 하는지 고개를 설레설레 저었습니다.

"아니옵니다. 그렇게 높이까지 쌓을 수 있는 시간은 없사옵니다. 제게 맡겨 주십시오."

하는 수 없었습니다. 고선지는 봉상청에게 토산 쌓는 일을 맡기고 자신은 공격을 지휘했습니다.

한 달쯤이 지났을 무렵, 토번족의 성문 앞에 토산이 하나 만들어졌습니다. 생각했던 것보다 높은 토산은 아니었습니다. 오히려 낮게 보였습니다. 다만 특이한 점이 있다면 토산의 꼭대기에서부터 적의 성문 앞까지 반듯한 길을 내놓았다는 것입니다.

"아니, 봉상청. 저게 무슨 토산이오? 저기서 어찌 공격한다는 말이오? 그리고 왜 저 토산 꼭대기에 충차를 갖다 놓은 게요?"

고선지는 의아했습니다. 야트막한 토산을 만든 것도 그랬고, 그 위에 충차를 여러 대 세워 놓은 것도 그랬습니다. 그리고 그 충차들 뒤에는 가마처럼 생긴 모양의 상자를 올려놓았던 것입니다.

봉상청이 웃으며 대꾸했습니다.

"장군, 준비가 되셨으면 공격 명령을 내리십시오. 단숨에 적의 성문을 뚫고 안으로 들어가겠습니다."

일단 고선지는 봉상청을 믿을 수밖에 없었습니다. 고선지는 칼을 빼들고 외쳤습니다.

"공격하라!"

그 소리에 토산 위에 올라가 있던 충차가 미끄러지기 시작했습니다. 충차는 토산의 경사진 언덕 아래로 천천히 구르다가 중간쯤 내려서자 이내 무서운 속도를 내기 시작했습니다. 더구나 충차는 다른 방향으로 움직이지도 않고 오로지 성문 쪽을 향해서만 돌진했습니다. 봉상청이 미리 충차의 바퀴가 다른 곳으로 밀려나지 않도록 홈을 파두었던 것입니다.

"쉬이이이익!"

충차가 성문 앞에 이르렀을 때는 소리조차 무시무시했습니다. 토산의 빗면을 구르면서 가속도가 붙을 대로 붙었기 때문입니다.

"쾅쾅! 우지끈!"

이윽고 충차가 성문을 정확히 때렸습니다. 그러자 웬만해서는 부서지지 않을 것 같던 성문이 반쯤 부서졌습니다.

잠시 후, 두 번째 충차가 미끄러져 내려왔습니다. 두 번째 충차는 첫 번째 충차보다 더 무겁고, 앞이 뾰족하지 않고 뭉툭했습니다. 그 충차는 첫 번째 충차의 뒤꽁무니를 정확히 때렸습니다.

"콰쾅 쾅!"

요란한 소리와 함께 뒤 충차의 힘을 받은 앞 충차는 기어코 성문을 부수었습니다.

"성문이 열렸다! 공격하라!"

장수들이 외쳤습니다. 용기를 얻은 당나라 병사들은 앞 다투어 성문을 향해 달렸습니다. 이미 토번족의 병사들은 또 다른 충차가 굴러올까 겁을 먹고 뒤로 슬금슬금 내뺐습니다. 아니나 다를까. 세 번째 충차가 또다시 미끄러져 내려왔고, 그 충차는 두 번째 충차를 밀고, 두 번째 충차는 첫 번째 충차를 밀었습니다.

이내 첫 번째 충차는 성 안으로 깊숙이 밀려 들어갔습니다. 그 기회를 놓칠 당나라 병사들이 아니었습니다. 당나라 병사들은 토번족 병사들이 겁을 먹은 틈을 타 재빨리 안으로 밀고 들어갔습니다.

끝내 토번족 병사들은 절반이 목숨을 잃었고 토번족의 임금은 고선지 장군 앞에 나와 무릎을 꿇어야 했습니다.

봉상청의 아주 기발한 생각으로 당나라 군사들은 승리를 거둘 수 있었습니다.

어떻게 이런 일이?

봉상청의 지혜를 이해하려면

먼저 에너지에 대한 이해가 있어야 합니다. 운동하는 물체가 가진 에너지를 '운동 에너지'라고 합니다. 물체의 운동 에너지는 질량, 속력과 관계가 있습니다. 움직이는 물체의 질량이 무거울수록, 움직이는 속력이 빠를수록 에너지가 커지는 것이지요.

움직이는 물체가 다른 물체에 부딪히면 그 물체는 변형되거나, 처음과는 다른 방향으로 움직이고, 소리·열 등이 생기게 됩니다. 즉 움직이는 물체의 운동 에너지는 변형 에너지, 다른 물체의 운동 에너지, 소리 에너지, 열에너지 등으로 바뀔 수 있어요.

봉상청이 만든 충차가 무서운 힘을 내서 성문을 부술 수 있었던 원리는 다음과 같습니다.

첫째, 토산 위에 대기 중이던 충차의 위치 에너지가 빗면을 굴러 내려오면서 운동 에너지로 바뀌며 힘이 생겼습니다.

둘째, 충차가 빗면을 굴러 내려오면서 가속도가 붙어서 평지에서보다도 훨씬 큰 운동 에너지가 생겼습니다.

셋째, 두 번째로 무게가 더 나가는 충차를 내려 보냄으로써 더욱 커진 힘으로 앞서 내려간 충차를 성 안쪽으로 밀어 넣을 수 있었습니다.

태양 에너지의 전환 ① **반사와 집중**

로마의 무적함대, 거울에 무너지다

기원전 211년, 로마제국이 시라쿠사(지금은 이탈리아에 속해 있는 한 도시)라는 작은 나라를 공격하기 시작했습니다.

시라쿠사는 로마제국에 비하면 보잘것없이 작은 나라였기에 로마군의 총공격을 막아낼 재간이 없었습니다. 게다가 그나마 시라쿠사를 잘 이끌었던 지혜로운 헤론 왕마저 세상을 떠나고 말았습니다.

"아아, 이제 시라쿠사는 로마제국에 짓밟혀 영원히 사라지고 말게요."

"어디 그뿐이겠소? 저 잔인한 로마제국의 병사들이 우리 시라쿠사 시민들을 노예로 만들어 버릴 것이오."

사람들은 해안으로 새까맣게 밀려드는 로마제국의 군함들을 바라보며 저마다 한마디씩 했습니다.

과연 시라쿠사의 먼 바다에는 로마제국의 함대가 빼곡히 몰려들었습니다.

바로 그 무렵, 로마제국의 함대가 한눈에 내려다보이는 시라쿠사 쪽 해안의 한 성 위에서는 약간 헙수룩해 보이는 사람 하나가 바다 쪽을 바라보며 깊은 생각에 빠졌습니다.

'아아, 로마제국의 군대 앞에 이렇게 무릎을 꿇어야 한단 말인가.'

그는 다름 아닌 아르키메데스(고대 그리스에서 가장 유명했던 수학자이자 물리학자, 그는 바로 시라쿠사에서 태어났다)였습니다.

아르키메데스는 아침부터 반나절 내내 바다 쪽만 바라보았습니다.

그 무렵, 아르키메데스의 등 뒤에 있던 해가 서서히 솟아올라 로마제국의 함대 쪽으로 기울었습니다.

그런데 바로 그때 아르키메데스의 머릿속에 한 생각이 스쳐지나갔습니다.

"아아."

아르키메데스는 낮은 탄성을 지르더니 이내 태양을 향해 손을 높이 쳐들었습니다. 그러고는 외쳤습니다.

"아아, 태양의 신이여, 이 선량한 시라쿠사 시민을 구하소서."

아르키메데스는 돌아서서 병사들에게 명령했습니다.

"병사들은 즉시 마을로 돌아가 집집마다 여자들을 불러 모으라."

여자라니? 전쟁을 치르는데 갑작스럽게 웬 여자란 말인가? 대체 아르키메데스는 무슨 생각을 하는 것일까?

잠시 후 시라쿠사의 여자들이 모두 아르키메데스 주위로 모여들었습니다. 아르키메데스가 여자들에게 말했습니다.

"시라쿠사의 여인들이여, 모두 집으로 돌아가 흰 가운을 입고 자신이 쓰는 거울 중에서 가장 큰 거울을 가지고 나오시오."

갈수록 알 수 없는 말들이었습니다. 흰옷은 무엇이며, 거울은 또 왜 필요하단 말인가?

이윽고 다시 여인들이 모여들었습니다. 저마다 흰 옷을 입고 커다란 거울을 한 개씩 들고 있었습니다.

바로 그 무렵, 로마제국의 함대를 이끄는 말셀로 제독은 이런 시라쿠사 사람들을 보며 코웃음을 쳤습니다.

"푸하하. 시라쿠사에는 이제 남자들이 없는 모양이로구나. 그렇다면 지금 당장 쳐들어가 단숨에 시라쿠사를 쑥대밭으로 만들겠노라."

말셀로 제독은 성 위에 일렬로 늘어선 시라쿠사의 여인들을 바라보며 자신만만하게 외쳤습니다. 그러고는 칼을 빼들어 병사들에게 명령했습니다.

"로마제국의 병사들은 들으라. 총 공격을 개시하여 해가 지기 전까지 시라쿠사를 뺏도록 하라!"

이윽고 진군을 알리는 북소리가 높게 울리고 로마제국의 무적함대가 시라쿠사의 해안을 향해 밀물처럼 밀려들기 시작했습니다.

한편 같은 시각, 아르키메데스는 여인들을 바라보며 외쳤습니다.

"시라쿠사의 여인들이여, 거울로 태양빛을 반사해 가장 앞쪽으로 달려

아르키메데스

아르키메데스는 고대 그리스의 수학자이자 물리학자이고 기하학자입니다. 아버지도 천문학자였던 과학자 집안에서 태어났습니다. 곳곳에서 과학자의 지혜를 발휘했는데, 특히 지중해를 둘러싸고 벌어진 포에니 전쟁에서 큰 공적을 이루었습니다. 그 당시 이미 70세를 넘긴 고령이지만 전쟁터에 직접 나섰던 것입니다. 그러나 그는 전쟁보다는 과학에 더욱 충실했습니다. 자신의 조국이 함락되던 날에도 모래 위에 그림을 그리며 기하학을 연구하던 중 로마 병사가 그림자를 밟자 연구에 차질이 생긴다며 로마 병사를 나무랐다고 합니다.

드는 배에 쏘아 보내시오."

이윽고 시라쿠사의 여인들은 아르키메데스가 시키는 대로 커다란 거울로 햇빛을 반사해 가장 앞으로 달려드는 배에 쏘아 보냈습니다. 수천 개의 거울에서 반사된 빛이 그 배를 향해 일제히 모여들었습니다.

그러자 이게 웬일일까요? 처음에는 반사된 햇빛이 따사롭게 느껴지는 정도이더니 수천 개의 햇빛이 한꺼번에 몰려들자 돛에 불이 붙었습니다.

"아악! 불이다! 배에 불이 붙었다!"

로마 병사 하나가 외쳤습니다. 불은 순식간에 배 전체로 옮겨 붙기 시작했습니다. 병사들도 뜨거운 태양빛을 견디지 못하고 바다 속으로 뛰어들었습니다.

시라쿠사의 여인들은 아르키메데스의 명령에 따라 이번에는 그 뒤의 배를 향해 거울로 햇빛을 반사해 쪼았습니다. 그러자 그 배 역시 잠깐을 버티지 못하고 불타기 시작했습니다. 세 번째, 네 번째……. 수십 척의 배가 침몰했습니다.

로마제국의 배는 단 한 척도 시라쿠사의 해안에 상륙하지 못했습니다.

말셀로 제독은 후퇴하지 않을 수 없었습니다.

"후퇴하라! 타죽고 싶지 않거든 배를 돌려라!"

말셀로 제독은 하는 수 없이 배를 되돌려야 했습니다.

"이겼다! 우리가 로마군을 물리쳤다!"

시라쿠사 시민들은 환호성을 질렀습니다.

아르키메데스는 화살 한 발 쏘지 않고 승리를 손에 넣은 것입니다.

아르키메데스는 태양을 향해 감사의 기도를 올렸습니다.

어떻게 이런 일이?

햇빛을 어떻게 모을까?

돋보기를 검은 종이 위에 놓고 햇빛을 받게 하면 어떤 일이 일어날까요? 이때 돋보기의 각도와 거리를 조절해 검은 종이 위에 가장 작은 빛의 초점이 맺히도록 해야 합니다. 초점이 맞춰진 상태에서 2~3분 있으면 초점 부위 종이가 타 들어가는 것을 볼 수 있습니다.

어떻게 돋보기로 햇빛을 모아 종이를 태울 수 있을까요?

빛은 앞으로 곧게 나아가는 성질이 있습니다. 이것을 빛의 직진이라고 하지요. 그런데 직진하는 빛은 성질이 다른 물질을 만나면 그 경계면에서 휘어지는 성질도 있답니다. 바로 굴절이라는 성질이에요. 빛이 직진하다가 진행방향이 꺾이는 현상이지요.

돋보기로 빛을 모아 종이를 태울 수 있는 것은 바로 빛의 굴절이라는 성질 때문이랍니다.

돋보기는 볼록 렌즈의 하나로 가운데가 가장자리보다 두껍습니다. 그래서 돋보기를 통과하면 빛이 가운데로 꺾이게 돼요. 이렇게 가운데로 꺾인 빛은 결국 한 점에 모이게 된답니다.

그런데 아르키메데스는 돋보기가 아닌 거울을 이용하여 반사된 빛을 모아 로마제국의 배를 불태워 버렸어요. 어떻게 가능했을까요? 돋보기처럼 빛을 한 점으로 모을 수 있는 거울은 오목거울인데, 아마 아르키메데스가 사용한 거울은 과학적으로 따져볼 때 오목거울이었을 거예요. 거울은 빛을 반사시키는데, 오목거울은 반사된 빛을 한 점에 모이게 한답니다.

이렇게 돋보기(볼록 렌즈)나 오목거울은 태양 에너지를 한 점에 모으는데, 이 한 점에 모인 빛은 거대한 에너지가 되어요. 이 거대한 에너지가 바로 불을 피우게 되는 것이랍니다.

이와 반대로 오목 렌즈와 볼록거울은 빛을 한 점에 모으는 것이 아니라 발산시킨답니다.

태양 에너지의 전환 ② **우리도 할 수 있는 얼음렌즈 실험**

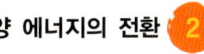

▲▲ 빈손매시프 산

• 남극 점

남극

얼음으로 불을 만들다

1936년, 영국의 한 탐험대가 남극을 눈앞에 두고 멈추어 섰습니다.
"서둘러 후퇴합시다. 남극탐험은 실패요."
탐험대장이 말했습니다. 다른 탐험대원들도 고개를 끄덕였습니다. 하는 수 없었습니다. 바로 어제 지독한 눈보라를 만난 탓에 가지고 있던 장비의 상당수를 잃어버리고 만 것입니다. 꼭 필요한 망원경도 눈보라 폭풍에 휩쓸려 가 버렸고, 식량도 넉넉하지 않았습니다.

아니 그보다 중요한 것은 불이 없다는 것이었습니다. 탐험대원 아무도 성냥을 가지고 있지 않았습니다. 성냥도 눈보라 폭풍에 휩쓸려 간 장비 속에 있었습니다.

탐험대장은 바로 그것이 겁났습니다. 밤에는 불도 피워야 하고 당장 불이 없으면 물도 마실 수 없고 음식을 하지 못합니다. 그러니 지금이라도 되돌아가 다시 장비를 갖추어 떠나려는 것이었습니다.

그런데 한 사람이 탐험대의 철수를 반대하고 나섰습니다.

"여기까지 와서 후퇴할 수는 없습니다. 나는 반드시 남극에 도착하고 말 것이오."

그는 다름 아닌 남극을 탐사하려는 과학자였습니다. 과학자는 굳은 결심을 보여주려는 듯 주먹을 불끈 쥐었습니다.

하지만 탐험대장으로서는 탐험대원들을 지켜야 할 의무가 있었습니다.

"박사님의 심정은 이해하지만 나는 이 탐험대를 이끄는 대장으로서 당장 돌아갈 것을 명령하겠습니다."

"안 됩니다. 여기까지 와서 되돌아간다는 것은 너무 억울합니다."

"억울해도 할 수 없습니다. 불이 없으니 모두 얼어 죽고 말 것입니다."

"불이야 얼마든지 피우면 되질 않습니까?"

"하지만 성냥이 없습니다. 원시인들처럼 나무를 비벼서 불을 일으키려 해도 마른 나뭇가지를 찾을 수 없습니다."

당연한 일이었습니다. 사시사철 눈에 덮인 남극에 마른 나뭇가지가 있을 리 없었습니다.

"탐험대장님, 만약 렌즈만 있다면 불을 피울 수 있어요."

"렌즈라고요? 망원경도 잃어버린 마당에 렌즈가 어디에 있겠습니까?"

"그렇군요. 하지만 얼음이 있질 않습니까?"

"얼음이라니요? 얼음을 가지고 렌즈를 만들겠다는 겁니까?"

"그래요. 볼록거울을 만들어 빛을 모은다면……."

얼음으로 렌즈를? 탐험대장은 고개를 갸웃거렸습니다. 박사가 제정신으로 하는 소리인가 의심스러웠습니다. 어떻게 얼음으로 렌즈를 만들고 그것으로 빛을 모아 불을 피울 수 있단 말인가?

그런데 과학자는 포기하지 않았습니다. 과학자는 주위를 두리번거리며 커다란 얼음 한 조각을 발견하고는 이내 정성들여 얼음을 깎기 시작했습니다.

"과연 가능한 일일까요? 얼음은 햇볕 아래서 녹아 버릴 텐데……."

탐험대원들은 옆에서 쑤군거렸습니다.

그러나 과학자는 누가 뭐라고 하든 상관없이 열심히 얼음을 깎아 렌즈를 만들었습니다.

이윽고 커다란 렌즈가 만들어졌습니다. 이때를 기다려 과학자는 탐험

이거 알면 더 재미있어요 — 남극

약 1400㎢의 넓이(중국과 인도를 합친 크기와 비슷)에 이르는 남극 대륙은 거의 전체가 빙하와 빙벽으로 덮여 있습니다. 바람이 강하고 일년 내내 평균기온이 영하 50~60도에 이르지요. 대륙 중심은 항상 눈과 얼음이 덮여 있어 습할 것 같지만 실제로는 사하라 사막보다 건조하답니다. 반면 해안은 한 해의 강수량이 500~600mm에 이릅니다. 나무는 없고 꽃 피는 식물이 56종 있습니다. 남극잔디와 남극개미자리가 대표적인데 둘다 꽃이 너무 작아 확대경으로 보아야 보일 정도입니다. 남극에 있는 대부분의 식물은 이끼류인데 지의류(균류)와 이끼류는 각각 300종과 250종 이상이 관찰되었습니다. 가장 눈에 잘 띄는 동물은 황제펭귄이랍니다.

대원들을 향해 말했습니다.

"자, 이제 가지고 있는 마른 종이나 헝겊이 있으면 주시오."

어찌 되었든 믿는 수밖에 없었습니다. 탐험대원들은 너나 할 것 없이 마른 종이와 헝겊을 과학자에게 건네주었습니다.

잠시 후 과학자는 탐험대원들이 조금씩 모아준 종이와 헝겊을 한군데 모아놓고 자신보다 더 크게 만든 얼음 렌즈를 그것에 쪼이기 시작했습니다.

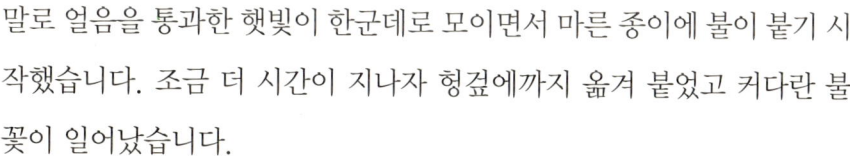

그런데 이게 웬일일까요? 정말로 얼음을 통과한 햇빛이 한군데로 모이면서 마른 종이에 불이 붙기 시작했습니다. 조금 더 시간이 지나자 헝겊에까지 옮겨 붙었고 커다란 불꽃이 일어났습니다.

"이, 이럴 수가! 얼음으로 불을 피우다니……."

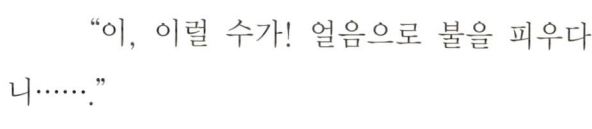

대원들과 탐험대장은 놀라서 입을 다물지 못했습니다.

결국 탐험대는 무사히 남극탐험을 마칠 수가 있었습니다.

어떻게 이런 일이?

얼음 렌즈로 나무를 불태운 실험
-우리도 해볼까요?

볼록 렌즈를 이용하여 불을 얻을 수가 있습니다. 그렇다면 얼음으로 불을 얻을 수 있을까요? 실제로 1763년 영국에서 얼음렌즈를 이용하여 나무를 불태운 실험에 성공한 예가 있었답니다.

얼음 렌즈로 불 피우기
1 밑이 둥근 그릇에 물을 넣고 얼린다.
2 얼음을 그릇에서 빼내어 깨끗이 씻은 다음 햇빛을 모아 검은 종이에 비춘다.

밑이 둥근 그릇에 물을 넣고 얼리면 얼음의 모양은 볼록 렌즈의 모양과 비슷하게 됩니다. 이때 둥근 얼음을 햇빛에 가져가 밝은 부분을 가장 작아지게 만들어 보세요. 그런 후에 검은 종이의 한 곳을 계속 비추면 종이가 결국 타기 시작합니다.

얼음으로 햇빛을 모아 검은 종이를 태울 수 있는 까닭은 무엇일까요? 얼음이 바로 돋보기 구실을 했기 때문입니다. 얼음을 두껍게 하여 햇빛을 모아 보면 종이를 더 빨리 태울 수 있습니다. 얼음이 두꺼울수록 빛을 더 많이 꺾이게 하여 종이를 빨리 태울 수 있는 것이랍니다.

얼음뿐만 아니라 물이 담긴 둥근 그릇으로 햇빛을 모아 검은 종이에 비추어도 종이가 타는 것을 볼 수 있습니다. 물이 담긴 둥근 그릇도 돋보기가 된 것이지요.

유리판 위에 작은 물방울을 한 방울 떨어뜨리고 물방울을 통하여 글자를 보면 글자가 커 보이는데, 이것 역시 물방울이 돋보기 역할을 한 것이랍니다.

물이 담긴 둥근 그릇

얼음

검은 종이

태양 에너지의 전환 ③ **흡수열과 미생물 작용**

쓰레기 때문에 살아난 탐험대

1920년 7월, 남극의 바다에도 여름이 찾아왔습니다.

여름이라고 해도 남극은 여전히 추운 날씨입니다. 그래도 한겨울보다는 견디기 수월한 편입니다. 남극탐사대가 이 무렵에 남극을 찾은 것은 그 때문이었습니다.

그들은 부지런히 남극 조사를 마무리했습니다.

"이번 탐사에서는 많은 것을 얻었습니다. 오늘의 조사를 끝으로 내일 아침 일찍 본국으로 출발할 것입니다."

저녁 무렵, 탐사대장이 배에 탄 과학자와 대원들에게 말했습니다. 탐사대장의 말을 들은 과학자와 대원들은 집으로 돌아간다는 것은 기쁜 일이지만, 아쉬움이 컸습니다. 조금만 더 머물면 더 많은 탐사를 할 수 있을 것 같았기 때문입니다.

"며칠만 더 머물면 안 될까요? 지금 돌아가면 언제 다시 남극 땅을 밟을 수 있을지 모르는데……."

"안 됩니다. 연료와 식량이 충분하지 못합니다. 식수도 돌아가는 동안 먹을 양밖에 없습니다. 하루라도 더 지체하면 위험해질 수 있습니다."

과학자들의 말에 탐사대장은 고개를 저었습니다. 아쉽더라도 하는 수 없었습니다.

그런데 바로 그날 밤이었습니다. 갑작스레 날씨가 추워지기 시작했습니다. 저녁 무렵만 해도 고작 영하 10도에 불과했는데 눈보라가 몰아치기 시작하더니 금세 영하 20도로 곤두박질쳤고, 자정이 넘자 영하 40도까지 기온이 내려갔습니다. 이튿날 새벽의 기온은 영하 50도를 넘어서고 말았습니다.

"대장님, 배가 움직이지 않습니다."

"뭐라고요? 갑자기 무슨 말입니까?"

항해사가 달려와 말했습니다. 탐사대장은 깜짝 놀라 되물었습니다.

"사방이 아주 꽁꽁 얼어 버렸습니다. 그냥 돌진하려고 시도해 보았지만 전혀 움직이지 않습니다. 더 무리했다가는 배가 부서질지도 모릅니다."

"그럼, 어찌 해야 하오? 얼음이 녹기를 기다려야 한단 말입니까?"

"그런 수밖에 방법이 없습니다. 하지만 이런 두께의 얼음이 녹으려면, 기온이 어제만큼 오른다고 해도 일주일 이상은 걸릴 것입니다."

"뭐라고요? 우리에겐 불과 며칠분의 식량밖에 남질 않았어요. 어서 방법을 찾아보세요!"

그러나 뾰족한 방법이 있을 리 없었습니다. 아무리 뛰어난 과학자들이라 해도 얼음이 녹기 전에는 배를 움직일 수 없는 일이었습니다.

그때, 탐사대원 하나가 불쑥 말했습니다.

"얼음을 깨면 되지 않겠습니까? 일단 배 주위의 얼음부터 말입니다."

"그래요. 그렇게라도 해봅시다. 가만히 앉아서 얼음이 녹기를 기다릴 수는 없습니다. 어서 서두릅시다."

탐사대장의 말에 과학자와 대원 들은 모두 곡괭이와 삽을 들고 바깥으로 나왔습니다. 그리고 배 주위의 얼음을 깨기 시작했습니다.

하지만 그것은 무리였습니다. 너무나 두텁게 얼어 버린 얼음을 사람의 힘으로 깬다는 것은 달걀로 바위치기나 다름없었습니다. 게다가 깨놓은 얼음은 그날 밤이면 또다시 얼어붙어 버렸습니다.

그러자 안 되겠다 싶었는지 탐사대장이 항해사와 과학자들에게 조심스레 물었습니다.

"만약 폭약을 이용해서 얼음을 깬다면 어떨까요?"

이거 알면 더 재미있어요 — 최초의 남극 탐험가

남극이라고 하면, 남극 대륙과 그 주변 해안을 모두 포함하여 말합니다. 남극 대륙은 1819년에 처음 발견되었습니다. 남극 대륙의 크기는 중국과 인도를 합친 정도이며, 지구상에서 다섯 번째로 넓습니다. 북극 탐험은 미국의 R. E. 피어리에 의해 시작되었고, 남극 탐험은 아문센과 스코트가 경쟁하다가 아문센이 최초로 남극점에 도달했습니다. 이후로도 많은 탐험가가 남극 탐험을 시도했지만 상당수는 혹독한 추위로 인해 실패하고 말았습니다. 지금은 수많은 나라에서 지하자원 개발과 자연과학, 기후, 생물 등을 연구하기 위해 남극에 기지를 설치하고 과학자들을 파견하고 있습니다. 우리나라에서도 1988년에 세종기지를 건설하고 과학자를 파견하여 연구를 하고 있습니다.

"가능한 일이라면 그렇게라도 해야지요. 하지만 폭약을 잘못 설치하면 배까지 파손할 위험이 큽니다. 그러면 우리에게 더 큰일이 나고 말 것입니다."

탐사대장의 말에 과학자 한 사람이 상기된 목소리로 대꾸했습니다.

일단 다음 날, 폭약을 사용해 얼음을 깨기로 했습니다. 하지만 예상했던 대로 그 방법도 그리 신통하지 않았습니다. 배가 함께 부서질지 모른다는 우려 때문에 폭약을 멀찌감치 설치하다보니 정작 배 가까이의 얼음은 깨질 줄을 몰랐습니다.

하루 이틀이 지났고, 사흘 나흘이 지났습니다. 탐사대원들은 식량을 절반으로 줄여서 먹고, 물도 아끼며 버텼습니다. 비록 이틀 후에는 해가 떠서 따사롭게 비추었지만 얼음은 쉽사리 녹을 줄을 몰랐습니다.

"결국 우린 남극 바다 위에서 얼어 죽거나 굶어죽고 말겠군!"

"그래. 집에 가긴 틀렸어."

탐사대원들은 공포에 질리기 시작했습니다. 그럴 수밖에 없었습니다. 곧 식량과 물이 떨어질 것이고, 연료마저 바닥날 것이었습니다.

꼭 일주일이 지났습니다. 탐사대원들의 공포심은 더 심해졌습니다. 그런데 그 무렵, 과학자 한 사람이 대장에게 다가와 말했습니다.

"얼음을 녹일 수 있는 방법이 있습니다."

"정말이에요? 어떻게 하면 되지요?"

"배 주위에 쓰레기를 뿌려 놓으면 됩니다. 음식쓰레기는 물론이고 석탄재를 비롯한 모든 쓰레기를 배 주위에 뿌려 놓으면 됩니다."

"쓰레기와 석탄재라고요?"

탐사대장은 고개를 갸우뚱거렸습니다. 그런 모습을 보면서 과학자가 더 자신감에 찬 목소리로 말했습니다.

"네. 비록 어릴 때의 기억이지만, 야산에 쌓인 눈보다 쓰레기와 석탄재에 뒤섞인 눈은 항상 더 빨리 녹곤 했어요."

"그렇군요. 나도 본 적이 있어요. 쓰레기가 열을 더 많이 흡수한다는 이야기도 들었고요."

탐사대장은 고개를 끄덕였습니다. 그러고는 곧 대원들을 불러 말했습니다.

"서둘러 쓰레기를 배 주위로 운반하세요. 석탄재도 골고루 뿌려야 합니다."

설명을 듣고 난 탐사대원들은 쓰레기를 짊어지고 밖으로 나가 배 주위에 흩뿌렸습니다. 그리고 기다렸습니다.

하루가 지나고 이틀이 지났습니다. 다행히 볕은 좋았습니다. 그런 덕분일까. 과연 쓰레기로 덮인 곳의 얼음이 녹기 시작했습니다. 하루가 더 지나자 얼음은 배가 조금씩 움직일 수 있을 만큼 살얼음으로 변해 있었습니다.

"아, 됐어요. 이젠 배를 움직일 수 있겠어요!"

사흘째 되던 날, 항해사가 말했습니다. 그러고는 즉시 엔진에 시동을 걸고 배를 움직였습니다.

"빠지지지직!"

살얼음으로 변한 얼음이 깨지는 소리가 들리며 배가 움직였습니다.

"만세! 쓰레기가 우리를 살렸다!"

"이젠 고향으로 돌아갈 수 있게 됐다!"

탐사대원들은 만세를 불렀습니다. 서서히 움직이는 배를 보니 배가 고픈 줄도, 추운 줄도 몰랐습니다.

어떻게 이런 일이?

얼음은 쓰레기를 좋아하나? 그래서 살살 녹은 걸까?

사실 그 해답은 열에너지의 변화에 있습니다.
환하고 흰색인 물체는 태양광선을 그대로 반사시켜 버립니다. 그 때문에 눈은 햇볕을 받아도 잘 녹지 않습니다. 그런데 어두운 색깔의 물체는 태양광선을 절반 이상 흡수해 버립니다. 흡수한 뒤에는 그것을 열에너지로 바꿉니다. 탐험선 주위의 얼음이 빨리 녹을 수 있었던 것은 바로 쓰레기와 석탄재 때문이었습니다. 이것들이 태양열을 흡수하여 열에너지로 바꾸었기 때문이지요.
그래서 사람들은 여름에 검은색보다는 흰색이나 밝은 색 계통의 옷을 입고 다니는 것입니다. 태양광선을 반사시켜 보내기 위한 것이지요. 그런데 만약 한여름에 검은 옷을 입고 다닌다면 어떨까요? 검은 옷은 태양광선을 그대로 흡수해 열에너지로 바꾸니까……. 열을 받아 무척 덥겠지요?
이런 경우도 생각해 보세요. 추운 겨울날에 길가에 버려진 쓰레기더미에서 김이 모락모락 나는 경우가 있습니다. 누가 더운 물을 뿌렸을까요? 그렇지는 않고요. 김이 나는 이유는 쓰레기더미 속에서 사는 수많은 미생물 때문이랍니다. 미생물들은 음식물 찌꺼기를 썩게 하지요. 이때 열이 나는데 어떤 경우에는 60도까지 올라가기도 합니다. 이렇게 습기를 가진 열이 추운 날 찬 공기와 만나 물방울이 되는데 우리 눈에는 하얀 김으로 보이는 것이지요.

태양 에너지의 전환 ③ 공기청정기+가습기+온도조절기=나무

나무야 나무야
밥만큼 중요한 나무야

1767년, 영국 중부 지방의 작은 도시 리이즈에서 있었던 일입니다.
 리이즈는 몹시 더럽고 무엇보다도 공기가 나빴는데 맨체스터나 리버풀과 같이 공업이 일찍부터 발달했기 때문입니다. 리이즈 주변에는 광산과 공장이 많은데 그곳에서 매일 시커먼 연기를 뿜어 냈습니다. 그 탓에

목병에 걸리는 사람이 많았고, 감기에 걸리지 않아도 기침을 해대기 일쑤였습니다. 뿐만 아니라 빨래를 해서 널면 반나절도 지나지 않아 새까매지곤 했습니다.

어느 날이었습니다.

늘 시골에서만 살던 프리스틀리란 목사가 리즈에 도착했습니다. 리즈에서 교회를 열기 위해서 찾아온 것이었습니다.

프리스틀리 목사가 교회를 열고 설교를 하던 첫날이었습니다.

"여러분, 하나님께서는 우주를 창조하시고 사람들을 위해 천지만물을 만들어 주……. 컥컥! 콜록콜록!"

힘차게 설교를 시작한 순간, 프리스틀리 목사는 갑자기 숨이 탁 막히는 것 같아 말을 멈추고 말았습니다. 프리스틀리 목사는 목에 무언가 걸린 듯하여 한참 동안이나 콜록거려야 했습니다.

"그리하여 오늘날……콜록콜록……."

몇 번씩 다시 말을 하려 했지만 프리스틀리 목사는 그때마다 목이 간질거려 말을 잇지 못했습니다.

나중에 겨우 설교를 마치긴 했지만 프리스틀리 목사의 첫 예배는 엉망이 되고 말았습니다.

'아, 나쁜 공기 때문에 말조차 제대로 할 수가 없구나. 이 나쁜 공기를 어찌하면 좋을까.'

프리스틀리 목사는 우울했습니다.

그러던 어느 날부터 프리스틀리 목사는 정말로 진지하게 생각하기 시작했습니다.
'리즈의 공기가 이렇게 더러워진 이유가 무엇일까? 무엇으로 리즈의 공기를 깨끗하게 할 수 있을까?'
사실 프리스틀리는 목사이긴 했지만 조금 별난 사람이었습니다. 월링턴이라는 도시에서 전기에 관한 공부를 했을 뿐만 아니라 같은 목사들보다도 와트(증기기관을 발명한 학자)나 다윈(진화론을 주장한 학자)과 같은 학자들과 더 친하게 지냈습니다.
프리스틀리 목사는 어느 날부터 본격적인 실험을 해보리라 마음먹었습니다.
프리스틀리 목사는 우선 리즈의 더러운 공기를 담아 유리병에 넣었습니다. 그리고 그 안에 쥐를 한 마리 잡아넣었습니다.
"음, 이러면 유리병 안의 공기는 더욱 더 나빠지겠지? 아마 쥐는 나빠진 공기 때문에 오래 살지 못하고 죽고 말거야."
과연 쥐는 며칠을 살지 못하고 곧 죽고 말았습니다.
"음, 나쁜 공기를 계속 마시게 되면 사람도 저렇게 되고 말 거야. 그렇다면 문제는 이렇게 나빠진 공기를 어떻게 깨끗하게 만드느냐 하는 거야."
프리스틀리 목사는 온갖 방법을 다 동원해 보았습니다.
"음, 혹시 나쁜 공기가 물에 녹지는 않을까?"

어느 날은 그런 생각을 하며 나쁜 공기가 든 유리병을 물속에 담가놓았습니다. 며칠이 지난 뒤 프리스틀리 목사는 물속에서 유리병을 꺼낸 뒤, 쥐를 그 유리병 안에 넣었습니다. 그러나 쥐는 곧 죽고 말았습니다.

"허허, 물도 나쁜 공기를 녹이거나 없애지 못하는구나. 좋아, 그렇다면 이 나쁜 공기를 뜨겁게 만들거나 아주 차갑게도 만들어 보아야겠어."

프리스틀리 목사는 나쁜 공기를 두 개로 나누어 하나는 뜨겁게 가열하고 또 하나는 차갑게 냉동시켰습니다. 물론 그런 뒤에 다시 쥐를 넣어 보았습니다.

하지만 쥐는 곧 죽고 말았습니다. 더러운 공기는 차가워져도 뜨거워져도 깨끗해지지 않았던 것입니다.

그러던 어느 날이었습니다.

교회에 다니던 한 꼬마가 프리스틀리의 연구실에 놀러 왔습니다. 꼬마

이거 알면 더 재미있어요 — 대기오염

영국은 세계에서 공해가 심하기로 유명한 나라 중 하나입니다. 산업이 발달해 공장 연기가 늘 하늘을 뒤덮는데다가 원래부터 안개가 심해서 수도 런던에서는 일년에 쨍쨍 내리쬐는 해를 볼 수 있는 날이 얼마 되지 않는답니다. 그 때문에 영국은 공해를 예방하기 위한 연구를 많이 해왔고, 도시에 나무를 심고 숲을 만들어 공해를 줄일 수 있는 방법을 찾았습니다. 실제로 식물은 공해 예방에 많은 도움을 준답니다. 이를 테면 플라타너스 나무를 길거리에 많이 심는 이유는 바로 공해 때문인데, 이 나무는 도시의 미세먼지를 흡수하여 중화시키는 작용을 한답니다. 도시에 나무를 심고 공원을 만드는 일이 얼마나 중요한 일인지 알 수 있겠죠?

는 프리스틀리의 실험기구를 신기한 듯 바라보며 이것저것 만져보기도 했습니다.

"애야, 실험기구는 위험한 것도 있으니 함부로 만져서는 안 된다."

프리스틀리 목사는 꼬마에게 점잖게 타일렀습니다.

하지만 이 개구쟁이 꼬마는 프리스틀리가 잠시 한눈을 파는 사이에 더러워진 공기가 든 유리병을 만지작거리더니 그 안에다 풀을 심어 놓았습니다. 그러고는 획 도망가 버렸습니다.

프리스틀리가 이 풀이 심긴 유리병을 발견한 것은 그로부터 며칠이 지난 뒤였습니다.

"아니, 어떤 녀석이 이렇게 더러운 공기가 담긴 유리병에 풀을 심어 놓은 게야? 며칠 살지도 못할 것을……."

프리스틀리는 더러운 공기가 담긴 유리병에 풀이 심긴 것을 보고 중얼

거렸습니다. 하지만 구태여 내다 버리지는 않았습니다. 말 그대로 더러운 공기 때문에 며칠 안에 풀은 죽고 말 것이니 그때 내다 버리자는 생각이 들어서였습니다. 한편으로는 다른 생각도 있었습니다.

"흠. 딱딱한 실험실에 풀이라도 있으니 한결 보기 좋군."

다시 며칠이 지났습니다.

그런데 프리스틀리는 깜짝 놀라고 말았습니다.

"어라! 이상한 일일세. 풀이 아직도 살아 있네. 허허, 풀들은 동물들보다 더러운 공기 속에서도 오래 견딜 수 있는 모양이지?"

뜻밖이라는 생각이 들어 프리스틀리는 유리병 안을 자세히 들여다보았습니다. 그런데 바로 그 순간, 프리스틀리는 정말로 놀랄 만한 것을 발견했습니다.

"저, 저건……."

유리병 안의 풀들 사이에는 벌레가 몇 마리 들어 있었는데, 그 벌레들도 죽지 않고 살아 있었던 것입니다.

"이, 이상한 일이다. 그렇다면……."

프리스틀리의 머릿속에 어떤 생각이 스쳐지나갔습니다.

프리스틀리는 재빨리 더러운 공기가 든 다른 유리병을 가져와 그 속에 박하나무의 잔가지를 넣어놓았습니다. 그리고 열흘 뒤, 프리스틀리는 박하나무가 든 병에 쥐를 한 마리 넣었습니다. 물론 더러운 공기만 든 다른 유리병에도 쥐를 한 마리 넣었습니다.

열흘 뒤, 프리스틀리는 두 개의 병을 다시 자세히 관찰했습니다. 프리스틀리는 다시 한 번 놀랐습니다.

"아아, 예상했던 대로야. 박하나무의 잔가지를 넣어두었던 병의 쥐만 살아남았어."

과연 그랬습니다. 박하나무의 잔가지를 열흘 동안 넣어두었던 병에 넣은 쥐는 그때까지도 살아서 돌아다녔지만, 아무것도 넣지 않았던 유리병에 들어간 쥐는 이미 죽어 있었습니다.

"틀림없어. 식물이 공기를 맑게 해주는 거야!"

바로 그것이었습니다. 더러워진 공기를 맑게 해주는 것은 바로 풀과 식물이었습니다.

프리스틀리 목사는 이 발견이 너무나 놀라워 즉시 미국의 프랭클린(미국의 독립 운동가이자 피뢰침을 발명한 과학자)에게 편지를 썼습니다.

박사님, 더러운 공기를 없애는 방법을 연구하다가 뜻밖의 발견을 했습니다. 더러운 공기를 없애는 유일한 길은 나무를 많이 심는 것입니다.

그리고 프리스틀리 목사는 자신의 연구과정을 자세히 적어 보냈습니다. 그러자 프랭클린은 즉시 답장을 보내왔습니다.

아아, 프리스틀리 목사의 발견은 대단한 것입니다. 사람들이 나무가 많은 곳에 집을 지으려는 이유가 단순히 경치가 아름답기 때문만은 아니라는 사실을 증명한 셈입니다. 앞으로도 숲과 나무를 보호해야만 인류가 깨끗한 공기를 마실 수 있음을 증명한 것입니다.

어떻게 이런 일이?

식물은 우리를 사랑하나봐

식물의 잎은 물과 햇빛을 이용해서 광합성 작용을 합니다. 사람이나 동물이 음식물을 먹고 에너지를 얻는 것처럼 식물이 살아가는 에너지를 얻는 방법인데, 바로 광합성작용이 공기의 정화에 중요한 역할을 합니다.

자, 그럼 광합성작용과 공기의 정화가 어떤 관련이 있는지 알아볼까요?

식물의 잎에 들어 있는 엽록소라는 색소가 기공(공기구멍)으로 흡수한 이산화탄소와 뿌리로 흡수한 물과 햇빛을 이용해서 양분을 만들어 냅니다. 이때 사용한 물이 산화하여 산소가 생기는데, 바로 이것이 공기를 맑게 정화시켜 주는 것입니다. 우리들이 숨을 쉴 때 내뿜는 이산화탄소를 받아들여 산소로 탈바꿈시키는 과정을 통해서 공기가 맑아지는 것이지요.

그렇다면 식물도 숨을 쉬거나, 사람처럼 산소를 사용할까요?

물론 식물도 숨을 쉽니다. 이제, 광합성작용과 호흡의 차이점을 알아보기로 해요.

식물의 광합성은 햇빛이 필요하므로 주로 낮에 일어납니다. 하지만 식물의 호흡은 주로 밤에 일어나요. 식물은 오로지 산소만 내뿜는 것으로 아는데 식물도 호흡을 하면서 이산화탄소를 내보냅니다. 하지만 이산화탄소보다 산소를 훨씬 더 많이 내보내기 때문에 공기가 맑아지는 것이지요. 실내에 있는 식물도 밤에 호흡을 하며 산소를 소비하지만 난초, 산세베리아 같은 식물들은 밤에 산소를 더해주므로 공기정화에 좋답니다.

미항공우주국(NASA)에서 행한 실험에서도 식물의 공기정화 능력이 증명되었답니다. 우주공간에서 완전히 밀폐된 우주선 공기를 정화하는 연구를 진행하면서, 인체에 해로운 오염물질이 가득한 공간에 50여 가지 식물을 넣어두었는데 24시간 안에 80퍼센트의 포름알데히드, 벤젠, 일산화탄소 등이 없어졌습니다.

공기정화식물은 몸에 좋은 음이온을 내뿜고 실내습도를 60퍼센트 정도로 유지해주어 별도의 가습기가 필요 없을 정도예요. 더군다나 여름에는 실내 온도를 2~3도 낮춰 주고 겨울에는 2~3도 높여 주는 등 온도조절 기능도 있답니다.

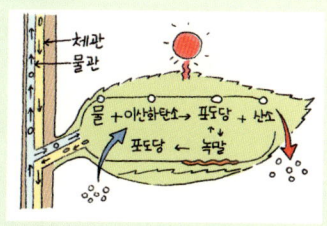

광합성작용

낮(광합성)호흡   밤(호흡)

우주의 신비 중력이 우리 몸에 끼치는 영향

우주선에서는 누구나 키다리

    1964년 여름, 소련(러시아의 옛 이름)의 작은 도시 한 곳에서 수십 명의 공군 조종사가 비밀 훈련을 받았습니다. 그들은 조종사들 중에서도 조종기술이 아주 뛰어나고 체력이 좋은 사람들이었습니다.
    이들이 받는 훈련은 우주비행 훈련이었습니다.
    "그대들은 우리나라에서 가장 훌륭한 비행사로 선택된 사람들이다. 이 훈련을 무사히 마치고 우주선에 탑승하면 그대들은 인류 최초로 달을 밟는 영광을 누릴 것이다."

 사실 우주선의 실험과 발사는 미국보다 오히려 소련이 먼저였습니다. 소련은 미국보다 몇 년이나 빨리 인공위성을 발사해 성공했고, 무인탐사 우주선을 띄우기도 했습니다. 소련은 미국보다 먼저 사람을 달에 보내 자기 나라의 깃발을 달에 꽂고 싶었습니다.

 바로 그런 이유로 30여 명의 조종사들은 훈련대장의 말에 몹시 가슴이 벅찼습니다. 남들은 한 번도 가보지 못한 달에 최초로 가게 될지도 모른다는 사실 때문이었습니다.

 하지만 30여 명의 조종사에게 모두 그 영광을 누릴 기회가 주어진 것은 아니었습니다.

 "우주선에는 5~6명의 승무원만이 탑승할 수 있다. 그러므로 여러분은 거듭된 훈련과정과 신체검사를 통과해야 한다. 마지막까지 남는 사람만이 우주선에 탑승할 수 있다."

 훈련대장의 그 말은 사실이었습니다. 최초로 우주비행센터에 선발된 공군 조종사는 100여 명이 넘었습니다. 그러나 이미 여러 차례의 훈련과 신체검사를 통해 70여 명이 탈락하여 집으로 돌아가야 했습니다.

 '어떻게든 훈련과정과 신체검사를 통과하여 반드시 내가 최초로 달을 밟고 말겠어.'

 조종사들은 저마다 그런 결심을 하며 피나

는 훈련에 돌입했습니다.

블라디미르 게르첸코는 그 누구보다 마음다짐이 대단했습니다.

"너는 반드시 이 나라의 모든 사람이 기억할 만한 일을 해야 한다. 넌 할 수 있어!"

게르첸코의 아버지는 어려서부터 아들에게 그런 말을 되풀이했습니다. 그의 아버지도 조종사였는데, 제2차 세계대전 중에 무수한 전투를 치르고 전사하여 소련 사람들로부터 칭송을 받았습니다.

게르첸코는 남들보다 두세 배 더 열심히 훈련을 했습니다.

그러던 어느 날이었습니다. 우주복을 입고 무중력(중력이 없는 상태, 중력이란 지구의 중심에서 물체를 끌어당기는 힘을 말한다) 실험을 하는데 갑작스레 훈련대장과 신체검사 요원들이 들이닥쳤습니다.

"지금부터 신체검사를 실시하겠다. 전 대원은 우주복을 벗고 일렬로 늘어서기 바란다."

명령에 따라 모든 대원이 우주복을 벗고 일렬로 늘어섰습니다. 무중력 상태였기에 훈련대원들은 둥둥 떠다니며 겨우 줄을 맞추어 섰습니다.

신체검사는 가장 간단한 키 재기부터 시작했습니다.

"쳇, 우주선을 타는데 키는 재서 무엇 한담……?"

"그러게 말이야. 키와 우주선을 타는데 무슨 관련이 있기라도 한가?"

훈련대원들은 저마다 한마디씩 했습니다. 다른 것은 몰라도 키 재기는 공연한 짓 같았던 것입니다. 그런데 바로 그때 대원 중의 하나가 말했습니다.

"이보게. 우스운 것 같아도 키를 재는 일은 아주 중요하지 않을까? 왜냐하면 너무 큰 사람은 좁은 우주선 안에서 활동이 불편하지 않겠느냐 말이야."

"하긴 그렇군. 식사도 많이 해야 할 테고……."

순간 게르첸코는 가슴이 철렁 내려앉았습니다. 그는 대원들 중에서 가장 나이가 어린 스물한 살이었지만 키는 유난히 컸습니다. 대부분의 대원들은 170센티미터 안팎인데 게르첸코는 190센티미터가 넘었던 것입니다.

'설마 키 때문에 우주선을 못 타게 하는 건 아니겠지.'

게르첸코는 스스로 위로를 하고 자신의 차례를 기다렸습니다.

이윽고 게르첸코의 차례가 되었습니다. 게르첸코는 정밀하게 만들어진 키 재기 도구 앞에 섰습니다.

"음. 197.5센티미터로군."

신체검사 요원이 게르첸코의 키를 재더니 말했습니다. 순간 게르첸코는 깜짝 놀랐습니다.

"네? 197.5센티미터라니요? 엊그제만 하더라도 191센티미터였단 말입니다. 아니 190.5센티미터였다고요."

게르첸코는 자신도 모르게 따지듯 물었습니다. 키가 큰 사람은 우주선에 태우지 않을지 모른다는 동료대원의 말 때문에 신경이 몹시 날카로웠던 것입니다.

하지만 신체검사 요원은 고개를 저었습니다.

"자네는 분명 197.5센티미터라네."

"그럴 리 없습니다. 이 기계가 잘못된 것이라고요."

"아니야. 틀림없어. 이 기계는 정확해. 여하튼 자네는 내일 아침 우주 응급센터로 다시 오게."

"아니, 이게 도대체……."

게르첸코는 고개를 저었습니다. 도무지 말도 안 되는 일이었습니다. 어떻게 며칠 전보다 7센티미터의 키가 한꺼번에 자란단 말인가.

정말 이상한 일이었습니다. 그날 저녁, 숙소로 돌아온 대원들도 알 수 없는 일이라며 고개를 갸웃거렸습니다.

"그것 참 신기한 일일세. 나는 그새 키가 3센티미터나 더 자랐더군. 나이가 들어서도 자라는 모양이야."

"나도 그렇다네. 일주일 전에 쟀을 때는 분명 177센티였는데 180센티라더군. 금세 3센티미터가 자랐어."

그 말을 들은 게르첸코는 그제야 기계가 잘못되었을 거라고 확신했습니다. 하지만 그래도 의문이 있었습니다.

'기계가 잘못되었다고 발표하면 될 것을 왜 나만 따로 응급센터로 오라고 했을까?'

그날 밤, 게르첸코는 잠을 이루지 못했습니다. 이런 저런 걱정으로 뜬 눈으로 밤을 지새웠습니다.

이윽고 다음 날, 게르첸코는 응급센터로 달려갔습니다.

'아무 일 없을 거야.'

게르첸코는 두근거리는 가슴을 쓸어내리며 응급센터의 담당의사 방문을 열었습니다.

"어서 오게, 게르첸코군."

"대체 무슨 일입니까? 뭐가 잘못되었나요?"

게르첸코는 의사에게 물었습니다. 그러자 의사는 씁쓸한 표정을 지으며 대답했습니다.

"게르첸코군, 자네는 오늘 당장 비행훈련을 중지하고 정밀검사를 받도록 하게."

"네? 정밀검사라니요. 대체 무슨 일 때문입니까? 키 때문입니까? 제 키가 너무 커서요?"

게르첸코는 이해할 수 없는 일이라 여겼습니다. 그 때문에 마치 따지듯이 되물었습니다. 그러자 담당 의사는 고개를 끄덕이며 대답했습니다.

"그렇다네. 자네의 키 때문일세."

"선생님. 어제의 키 재는 기계는 고장 난 것입니다. 모두들 3, 4센티미터씩 더 크게 나왔단 말입니다. 저만 그런 것이 아니에요. 분명 기계가 고장 난 것입니다."

게르첸코는 마치 웅변을 하듯 의사에게 말했습니다.

그런데 왜일까? 의사는 피식 웃었습니다. 그러더니 차분한 목소리로 말을 이었습니다.

미국과 소련의 우주 경쟁

우주개발에 대한 본격적인 관심은 16~17세기에 시작했습니다. 코페르니쿠스, 갈릴레이, 뉴턴 등의 과학자가 기초 우주이론을 세웠고, 20세기에 이르러 미국과 소련이 본격적인 우주개발을 시작했습니다. 선두는 소련으로 1965년에 미국보다 한 발짝 먼저 유인우주선(사람을 태운 우주선)을 발사했습니다. 이때 우주비행사는 가가린이었는데, 그는 지구궤도를 여러 바퀴 돌고 귀환하였습니다. 이에 자극받은 미국도 그로부터 2년 뒤 아폴로 계획을 성사시켜 아폴로 11호를 달에 착륙시켜 암스트롱을 비롯한 12명의 우주인이 달에 발을 디뎠습니다. 이후에도 미국과 소련은 경쟁적으로 우주개발에 힘을 기울여, 2005년까지 태양계의 7개 행성(수성, 금성, 화성, 목성, 토성, 천왕성, 해왕성) 탐사를 마쳤고, 2006년 1월 태양계의 마지막 행성인 명왕성 탐사에 나섰습니다.

"이 사람아, 그건 정상이야. 자네를 제외하곤 아무도 잘못되지 않았어."

"네? 그게 무슨 말씀이죠?"

"내 말 잘 듣게. 사람들은 누구나 무중력 상태에서는 보통 때의 키보다 2~3센티미터 가량 커진다네. 그건 척추의 뼈와 뼈를 연결하는 물렁물렁한 부분 때문인데, 이곳이 중력 상태에서는 무거운 머리를 받치느라 줄어들었다가 무중력 상태에서는 늘어나기 때문에 보통 때보다 더 커지는 거라네. 마찬가지로 잠잘 때는 척추가 머리를 받칠 필요가 없기 때문에 낮에 일할 때보다 1센티미터 가량 더 커지지."

"그럼 저도 잘못 된 게 아니지 않습니까?"

"아닐세. 정상인이라면 무중력 상태에서는 3센티미터 가량, 잠잘 때와 깨어 있을 때는 1센티미터 가량 차이가 나는 것이 보통인데 자네는 7센티미터의 차이가 난다네. 그건 자네의 뼈에 이상이 있다는 증거일세."

"서, 설마……."

"아직 자세한 건 모르니 정밀진단을 해봐야 할 걸세."

결국 게르첸코는 그날로 훈련을 중단하고 다음 날 정밀진단을 받아야 했습니다. 과연 의사의 말대로 게르첸코의 뼈에 약간의 이상이 발견되었습니다.

결국 게르첸코는 우주선에 탑승하지 못했습니다.

비밀노트 어떻게 이런 일이?

우주비행사, 할까 말까?

무중력 상태에서의 우리 인체는 지금과 아주 많이 다르답니다. 우선 사람의 뇌는 무중력 상태에서 더 많은 스트레스를 느끼는 것으로 알려져 있어요. 이것은 중력에 길들어진 탓일 것이라고 과학자들은 말하지요. 그래서 중력/무중력 상태에서의 비디오 게임을 통한 뇌의 변화를 연구하고 있습니다. 무중력 상태에서는 더 이상 중력이 작용하지 않아 척추 사이가 확장되어서 키가 1.6~5센티미터 커집니다. 또 피가 머리 쪽으로 몰려 얼굴이 부어오르는데, 이것 때문에 눈의 안압이 높아져 시력이 나빠질 수 있대요. 몸의 균형감각을 유지시켜 주는 전정기관에도 문제가 생겨 불안감, 식욕 감퇴, 멀미, 구토 등을 할 수 있답니다. 근육도 무중력 상태에서 지내는 시간이 늘어날수록 수축한답니다. 근육끼리 서로를 지탱해줄 필요가 없어지기 때문이죠. 또 무중력 상태에서 오래 지내게 되면 혈장 부피와 적혈구 질량이 감소하여 혈관이 굳게 되거나, 심장 박동수가 높아진답니다. 뼈 속에 든 철분을 서서히 잃어 나중에는 건강을 잃을 수도 있어요. 그래서 우주인들이 지구로 돌아와 정상적인 중력 상태에서 생활하더라도 본래의 뼈 밀도를 되찾는 데는 상당히 긴 시간이 걸린답니다.

영양과 건강 ❶ 식습관과 비타민

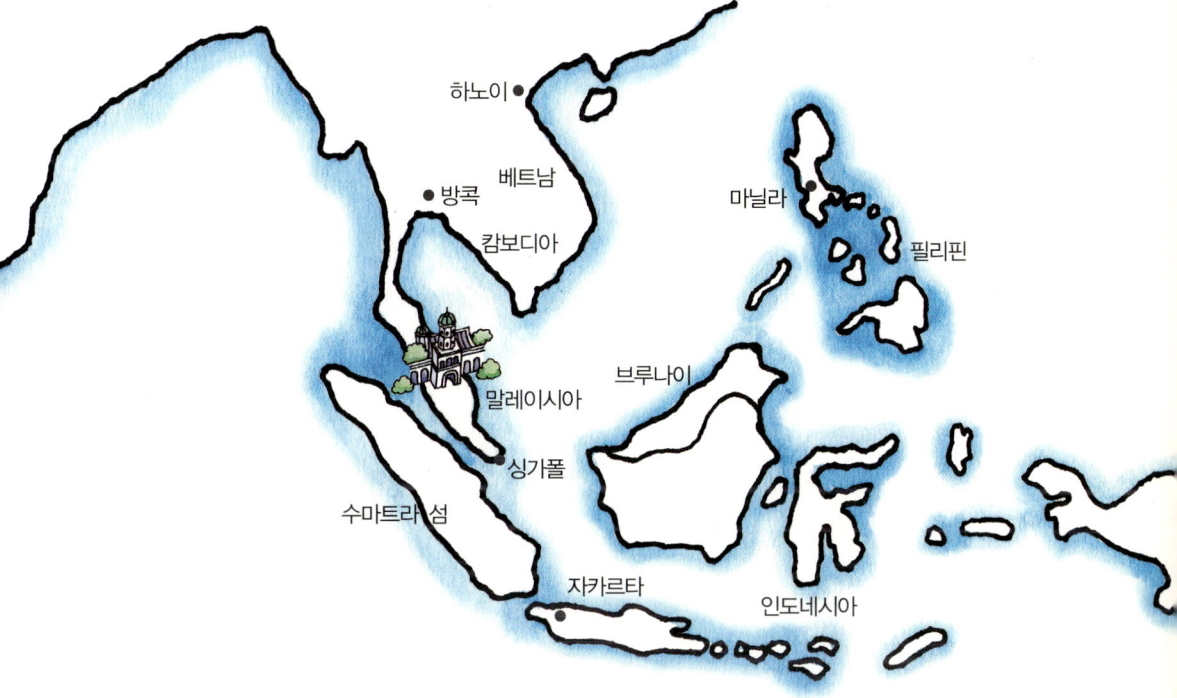

사느냐, 죽느냐 - 현미와 흰쌀의 차이

1889년, 네덜란드는 인도네시아를 점령하던 중이었습니다.

인도네시아에서 군의관으로 근무하던 에이크만 중위는 어느 날 묘한 사실을 발견했습니다. 뜻밖에도 닭이 사람과 똑같은 병을 앓는 것이었습니다.

"중위님, 닭이 병에 걸렸습니다. 앞으로 우리 부대에서는 닭고기를 먹기 힘들 것 같아요."

사느냐, 죽느냐 - 현미와 흰쌀의 차이 | 135

9월의 어느 날 아침, 에이크만 중위는 부하 사병 요한슨으로부터 그런 말을 전해 들었습니다. 요한슨은 취사반에서 닭을 돌보는 책임을 맡은 병사입니다.

에이크만 중위는 요한슨과 함께 즉시 양계장으로 달려갔습니다. 물론 에이크만 중위는 수의사가 아니기 때문에 닭의 병을 치료하려던 것은 아니었습니다. 다만 의사로서 호기심이 생겼기 때문입니다.

"저놈들 좀 보세요. 어떤 놈은 비틀거리고 어떤 놈은 일어서지도 못해요. 그리고 저쪽 저놈은 아예 몸이 온통 마비된 것 같고요."

양계장 앞에 이르자 요한슨이 닭 하나하나를 가리키며 말했습니다. 그때까지도 에이크만 중위는 고개만 끄덕이며 인도네시아란 나라가 워낙 더운 나라이니 그러려니 하고 생각했습니다.

그런데 한참 동안 닭을 살펴보던 에이크만 중위는 깜짝 놀랐습니다.

"저, 저건 각기병이야……."

틀림없었습니다. 군의관이 되기 전부터 각기병을 연구했던 에이크만 중위의 눈으로 볼 때 닭의 병세는 틀림없는 각기병 증세였습니다.

'사람도 각기병에 걸리면 심한 피로감을 느끼고 기운이 없어지다가 마침내는 일어서지도 못하게 된다. ……병이 더 심해지면 숨이 가빠지고 손발이 마비되며, 결국에는 심장이 약해지는데…… 맞아! 각기병 증세와 흡사해.'

에이크만 중위는 그런 생각을 하며 고개를 끄덕였습니다. 그런데 옆에 서 있던 사병이 웃음을 터트렸습니다.

"푸하하! 각기병은 사람이 걸리는 것 아니에요? 저건 그냥 가축들의 전염병인지도 몰라요."

"그, 글쎄……."

에이크만 중위는 자신 있게 대답할 수가 없었습니다. 왜냐하면 그때까지 각기병의 원인이 무엇인지 몰랐기 때문입니다.

하지만 에이크만 중위는 속으로 생각했습니다.

'틀림없어! 잘 관찰하면 사람의 각기병과 닭들의 저 병세에 무슨 연관성이 있을 거야.'

그러나 에이크만 중위에게는 시간이 없었습니다. 바로 그 다음 날, 에이크만 중위에게 출장 명령이 떨어지고 말았기 때문입니다.

'아, 하필 이럴 때 출장이라니……. 각기병, 닭, 각기병, 닭…….'

출장 중에도 에이크만 중위는 계속 그 생각을 했습니다.

그로부터 꼬박 닷새 후, 에이크만 중위는 출장에서 돌아오자마자 양계

장으로 달려갔습니다. 그런데 뜻밖에도 양계장의 닭들은 며칠 전과 사뭇 다른 모습이었습니다. 대부분의 닭은 이전과 달리 매우 건강한 모습으로 되돌아와 있었던 것입니다. 여전히 비틀거리는 놈도 더러 있었지만 출장 전처럼 쓰러져 있거나 마비된 닭은 없었습니다.

"요한슨! 요한슨 사병 어디 있나?"

요한슨 사병은 대체 어찌 된 일인지 알 것 같았습니다. 왜냐하면 요한슨은 매일 몇 번씩 닭에게 모이를 주는 역할을 담당하였기 때문에 하루 종일 닭과 함께 산다고 해도 과언이 아니기 때문입니다.

하지만 요한슨은 수십 번을 불러도 나타나지 않았습니다. 요한슨 대신 에이크만 중위 앞에 나타난 사람은 다른 사병이었습니다.

"중위님, 요한슨을 찾으시려면 다른 부대로 가보셔야 할 겁니다. 다른 곳으로 이동하라는 명령이 떨어졌거든요."

"그, 그래? 그렇다면 자네가 요한슨을 대신해서 닭을 책임진 사병인가?"

이거 알면 더 재미있어요 우리 몸의 영양소

영양소는 우리가 먹는 식품을 이루는 물질들입니다. 이들은 몸속에서 다양한 방법으로 사용되면서 생명을 유지시켜 주고 건강과 성장을 도와주는 역할을 합니다. 많은 영양소는 구조와 성질, 기능에 따라 탄수화물, 지방, 단백질, 비타민, 무기질의 다섯 개 영양소로 크게 구분할 수 있습니다. 이 중 비타민이 부족하면 사소하게는 피로감을 느끼며 여러 질병을 일으킬 수 있습니다. 그런데 사람은 비타민을 스스로 만들어 내지 못하기 때문에 음식물을 먹어서 비타민을 공급받아야 합니다. 그런데 특이하게도 토끼나 쥐를 비롯한 상당수의 동물은 비타민C를 스스로 만들어 낼 수 있답니다.

"그렇다면 자네는 왜 닭들이 다시 원래의 모습으로 돌아왔는지 알고 있나?"

"그건 저도 잘 모르겠습니다. 저는 다만 죽어가는 닭들이 보기가 안타까워서 모이만 듬뿍 주었을 뿐입니다."

"그리고 다른 일은 없었는가? 다른 군의관이 와서 치료를 해주었다든가……."

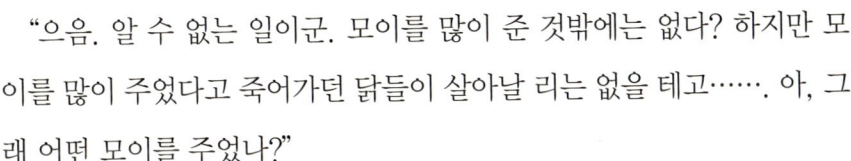

"아닙니다. 적어도 제가 이곳 양계장을 책임진 뒤로는 그런 일이 없었습니다.

"으음. 알 수 없는 일이군. 모이를 많이 준 것밖에는 없다? 하지만 모이를 많이 주었다고 죽어가던 닭들이 살아날 리는 없을 테고……. 아, 그래 어떤 모이를 주었나?"

문득 에이크만 중위는 생각나는 것이 있어서 물었습니다. 그러자 사병은 머리를 긁적이며 대답했습니다.

"사실은 모이 때문에 요한슨과 다투었습니다."

다투다니. 이건 또 무슨 엉뚱한 말인가? 에이크만 중위는 사병을 똑바로 쳐다보았습니다. 그러자 사병이 입을 열었습니다.

"요한슨은 닭에게 사람도 잘 먹지 못하는 흰쌀을 모이로 주었습니다."

"그런데 그게 어쨌다는 건가?"

"저는 그렇게 할 수 없었지요. 아무리 닭이 귀해도 사람보다 귀할 수는 없는 일입니다. 더구나 흰쌀밥은 환자 이외에는 보급되지 않습니다. 그런 흰쌀을 닭에게 주었다니 말도 안 되는 일입니다."

"그래서 자넨 무엇을 모이로 주었는가?"

"현미를 주었습니다."

현미라는 말에 에이크만 중위는 귀가 번쩍 뜨였습니다.

현미는 벼에서 겉껍질만 벗겨내고 속껍질은 남겨둔 상태의 쌀을 말합니다. 속껍질마저 벗겨내면 흰쌀이 되는데, 이때까지만 해도 속껍질을 벗겨내는 기술이 발달하지 않아 흰쌀은 그다지 많이 생산되지 않았습니다.

'흰쌀과 현미……. 그렇다면 우리가 일반적으로 좋다고 생각하는 흰쌀을 먹고 자란 닭은 죽고 현미를 먹은 닭은 살아났다는 말 아닌가. 아, 예측이 맞는다면 닭의 병은…….'

에이크만 중위는 다시 고민에 빠졌습니다. 아무래도 모이에 문제가 있는 듯했습니다.

에이크만 중위는 일단 실험해 보기로 했습니다.

우선 에이크만 중위는 닭을 열 마리 빌려 와서 다섯 마리에게는 흰쌀을 주고 나머지 다섯 마리에게는 현미를 주었습니다.

그런데 참으로 뜻밖의 결과가 나타났습니다. 흰쌀을 먹은 닭은 오래지 않아 병에 걸렸고, 현미를 먹은 닭은 병들었다가도 빠르게 회복했습니다.

"문제는 쌀이었어. 바로 쌀의 속껍질에 있었던 거야."

그렇다면 쌀의 속껍질에 무엇이 들었기 때문일까?

나중에 밝혀진 사실이지만 속껍질 속에 든 것은 바로 쌀눈이었습니다. 즉 훗날 싹이 되어 피어날 바로 그 부분이었습니다.

바로 그 속에 닭을 되살린 영양분이 들어 있었던 것입니다. 그렇다면 이 영양분의 정체는 무엇이었을까요? 바로 비타민이었습니다.

후세의 학자들이 마침내 각기병의 원인을 밝혀냈는데 그 원인은 바로 비타민 부족이었습니다.

비밀노트 어떻게 이런 일이?

비타민은 우리 몸의 운전사

각기병에 대해서 알려면 먼저 비타민의 비밀을 파헤쳐 보아야 합니다. 우선 각기병이란 어떤 질병일까요?

각기병이란 우리 몸속에서 비타민B_1이 부족했을 때 걸리는 병입니다. 한국·중국·필리핀·일본 등 쌀을 주식으로 하는 지역에서 많이 발생한답니다.

증세로는 입맛이 없고 늘 피곤하며 소화가 잘 안 되고 감각이 둔해지며 운동을 하지 못하고 몸이 붓는 등의 현상이 나타납니다. 치료 방법은 안정을 취하고 식이요법을 하면서 비타민B_1을 섭취합니다. 각기병을 예방하기 위해서는 영양분을 골고루 균형 있게 섭취하고 비타민B_1이 많이 든 말린 곡류, 돼지고기 등을 먹어야 합니다.

그렇다면 비타민이란 무엇일까요?

비타민은 5대 영양소 중의 하나로서 사람과 같은 고등동물의 성장과 생명의 유지에 꼭 필요한 물질입니다. 아주 적은 양으로도 우리 몸의 기능을 조절해 주는 일을 하는데, 음식물을 먹음으로써 비타민을 얻을 수 있습니다.

비타민은 크게 기름에 녹는 지용성 비타민과, 물에 녹는 수용성 비타민으로 나뉩니다. 지용성 비타민에는 비타민A, 비타민D, 비타민E, 비타민F, 비타민K 등이 있고, 수용성 비타민에는 비타민B군과 비타민C가 있습니다.

비타민이 부족하면 병에 걸리는데, 비타민A가 부족하면 야맹증·시력저하·피부건조, 비타민B_1이 부족하면 각기병, 비타민B_3가 부족하면 구내염·구강염, 비타민C가 부족하면 괴혈병, 비타민D가 부족하면 구루병(꼽추)·충치가 생기기 쉽습니다.

영양과 건강 ② **소화과정**

구멍 난 뱃속 관찰

"타앙!"

한 발의 총성이 울렸고, 순간 한 남자가 나가떨어졌습니다. 남자의 배에서 금방 피가 배어 나왔습니다. 흐른 피는 곧 바닥을 흥건하게 적셨습니다.

"아아악!"

주위에 있던 사람들은 비명을 질렀고 총을 맞은 남자는 배를 움켜쥐며 바닥을 뒹굴었습니다.

"의사를 불러!"

누군가 소리쳤고, 한 사람이 즉시 의사에게로 달려갔습니다. 잠시 후였습니다.

"주, 죽었어. 움직이지 않아!"

"그, 그래. 의사가 와도 살지 못할 거야."

사람들은 쓰러진 남자를 쳐다보며 웅성거렸습니다. 과연 남자는 뒹굴다가 어느 순간, 모든 동작을 멈추고 뻣뻣하게 굳어 버렸습니다.

5분 정도 지난 후 의사가 달려왔습니다.

의사는 총을 맞고 쓰러진 남자의 배를 살핀 다음 재빨리 응급처치를 했습니다. 의사는 상처를 붕대로 싸맨 후 말했습니다.

"아직 죽지는 않았소. 그러나 아마 36시간 이상 살기 어려울 것입니다. 일단 환자를 내 병원으로 옮겨놓고 지켜보겠소."

사건이 일어난 곳은 미국의 매키낵 마을에 있는 '앨리스'라는 조그만 가게 안이었습니다.

매키낵은 미국에서도 가장 유명하고 아름답기로 소문난 미시건 호수 주변에 있는 작은 마을입니다. 이곳에는 항상 사냥꾼들로 붐볐는데, 이 날도 수십 명의 사냥꾼이 '앨리스'에 모였습니다. 앨리스는 사냥꾼들에게 필요한 총알과 덫과 같은 물건은 물론이고, 그들이 잡은 짐승의 가죽, 간단한 음식과 술을 파는 곳이었습니다. 사냥꾼들은 이곳에 모여 서로 정보를 교환하기도 했습니다.

사고는 바로 이곳에서 사냥총을 점검하던 한 청년이 방아쇠를 잘못 당겨 일어났습니다. 총구로부터 불과 60센티미터밖에 안 되는 곳에 서 있던 마르탄이라는 프랑스계 남자가 맞은 것입니다.

그날 저녁, 환자를 살펴본 버몬트 의사는 생각보다 마르탄의 상태가 심각하다는 것을 깨달았습니다. 왜냐하면 마르탄의 배에는 거의 어린 아이 머리만한 구멍이 뚫린 것입니다. 뿐만 아니라 음식물을 소화시키는 위까지 구멍이 난 채 벌어졌습니다.

일단 버몬트는 자신이 가진 온갖 의학지식을 동원해 마르탄을 치료했습니다. 이틀을 꼬박 세웠습니다. 그런 덕분에 마르탄은 버몬트가 예견한 36시간을 훨씬 넘게 살아남을 수가 있었습니다. 그로부터 일주일이 더 지나고 한 달이 가까이 되었을 때까지도 마르탄은 살아남았고 마침내 상처가 아물기 시작했습니다.

이거 알면 더 재미있어요 윌리엄 버몬트

윌리엄 버몬트는 미국의 군의관으로 근무하던 시절부터 인체를 연구하기 시작하여 특히 위 관련 분야에서 큰 업적을 이루어 냈습니다. 그는 연구를 위해서라면 물불을 가리지 않았는데, 총기 사고로 위에 구멍이 난 청년을 움직이는 실험실로 삼기도 했습니다. 그 실험에서 위액에 염산이 들어 있고, 술이 위의 염증을 일으킬 수 있으며, 음식물을 먹으면 위액이 증가하고, 단백질을 분해하는 성분이 위액에 포함된다는 사실을 밝혀 냈습니다. 그러나 버몬트 박사는 실험을 위해 위에 구멍이 난 청년을 강제로 군에 입대시켜 도망가지 못하게 하는 등 무리하게 연구를 하기도 했습니다. 그 청년은 몇 번을 도망가다가 잡혀왔다고 합니다.

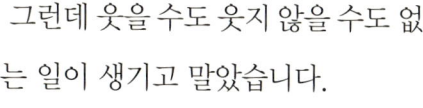

그런데 웃을 수도 웃지 않을 수도 없는 일이 생기고 말았습니다.

마르탄은 가까스로 목숨을 건졌지만 배에 난 커다란 구멍은 완전히 아물지 않았습니다. 구명은 새살이 나면서 조금씩 좁혀져 일 년이 지났을 무렵에는 약 5센티미터로 작아졌습니다. 그래서 마르탄은 괜찮겠거니 하며 퇴원해 집으로 돌아갔습니다.

하지만 그날 밤, 마르틴은 기겁을 하며 다시 의사 버몬트에게 달려오지 않을 수 없었습니다.

"의사 선생님, 음식물이 새요. 줄줄 샌다고요!"

마르틴은 버몬트의 집으로 뛰어 들어오면서 외쳤습니다. 그는 한손으로 자신의 배에 난 구멍을 막고 있었습니다.

"이보게, 마르탄! 무슨 말인가?"

"이, 이걸 보라고요."

그러면서 마르탄은 자신이 한손으로 가렸던 배의 구멍을 열어 보여주었습니다.

"아니, 이건……."

버몬트는 깜짝 놀랐습니다. 구명 입구에는 음식물이 지저분하게 널려 있었습니다. 그리고 구명의 안쪽 위장에는 다른 음식물 조각이 반쯤 소화된 채 그대로 있었습니다. 마르탄의 말대로 입으로 먹은 음식 중 일부가 그 구멍으로 새어 나왔던 것입니다.

"으음. 마르탄, 일단 붕대로 감싸줄 테니 기다리게."

버몬트는 급한 대로 마르탄의 구멍난 배를 붕대로 막아주었습니다.

그런데 버몬트는 마르탄의 구멍 난 배를 유심히 쳐다보다가 문득 무슨 생각을 했는지 갑자기 엉뚱한 제안을 했습니다.

"이보게! 나에게 자네 배를 좀 빌려주게."

"아니, 무슨 말씀을 하시는 겁니까?"

"내가 매일 자네의 뱃속을 관찰할 수 있게 해달란 말일세."

"그야, 뭐······."

마르탄은 조금 주저했으나 곧 버몬트의 설득에 넘어가고 말았습니다. 이윽고 다음 날부터 버몬트는 마르탄의 배를 관찰하기 시작했습니다.

버몬트는 우선 마르탄을 옆으로 눕게 하고 구멍 난 곳에 강한 빛을 비추었습니다. 그러자 위 속이 훤하게 들여다보였습니다.

시간이 흘러 몇 년이 지났을 때는 속살이 더 자라 마르탄의 배에 난 구멍을 막아주었지만 손으로 젖히면 열리곤 했습니다. 그래서 버몬트는 연구를 계속 할 수 있었습니다.

······1825년 8월의 어느 날 정오. 나는 마르탄을 불러 몇 가지 음식을 명주실에 매달아 입이 아닌 배 위에 난 구멍을 통해 위 속에 넣었다. 삶은 쇠고기와 날돼지고기, 빵 한 조각과 양배추 몇 잎을 집어넣었는데, 그것들을 나는 오후 한 시경에 다시 꺼내 관찰했다. 양배추와 빵은 반쯤이 소화되었고, 쇠고기와 날돼지고기는 그대로였다.······ 쇠고기와 날돼지고기는 다시 위 속에 넣어두었는데 세 시경에는 날돼지고기의 표면이 위산에 섞여 매우 부드럽게 되어 있었다······(〈버몬트의 관찰일기〉 중에서)

버몬트는 이런 실험을 계속 반복했습니다. 내시경이 없던 시절, 버몬트는 이 구멍 난 위 덕분에 소화에 관한 엄청나게 많은 사실을 알게 되었습니다.

어떻게 이런 일이?

소화란 우리 몸에 필요한 영양소가 든 음식물을 잘게 쪼개어 우리 몸에 흡수될 수 있도록 분해하는 과정을 말합니다.

소화기 구조

*소화기관은 입에서 항문에 이르는 부분으로서 입-식도-위-십이지장-소장-대장-직장(항문) 등 약 9미터의 관으로 구성됩니다.

*소화를 돕는 부속 소화기관으로는 침샘, 간, 이자(췌장), 쓸개 등이 있습니다. 이들 기관에서는 각각의 분비물이 나와서 음식물의 소화를 도와줍니다.

쓸개는 간에 붙은 작은 주머니 모양으로 쓸개즙이 나옵니다. 이자는 위 아래쪽에 있으며 이자액이 나옵니다. 쓸개즙과 이자액은 십이지장으로 들어가서 음식물과 섞입니다.

소화란 우리 몸 속의 마지막 요리

소화 과정

*구강(입)에서의 소화

이와 턱은 입안으로 들어온 음식물을 부숩니다. 턱 아래쪽에 있는 세 군데 침샘에서는 침이 나와 음식물이 골고루 섞이도록 돕습니다(저작작용). 침과 섞인 음식물은 식도로 내려가 위에 이릅니다(연하작용). 침에는 녹말(탄수화물) 분해 효소가 있어서 녹말을 포도당으로 분해합니다.

*위에서의 소화

위액은 주로 단백질 성분을 분해합니다. 진한 산성이라 음식물과 함께 들어온 병균을 죽이기도 합니다. 위벽이 매우 튼튼하고 주름이 많이 잡혀 있기 때문에 소화를 더 활발하게 합니다. 위 아래쪽은 십이지장과 연결됩니다.

*소장(작은창자)에서의 소화

작은창자는 배 가운데 있으며 위쪽은 위와 십이지장에, 아래쪽은 대장(큰창자)에 연결됩니다. 음식물과 소화액이 골고루 섞이도록 연동운동을 하여 창자액에 의해 음식물이 영양소로 분해되게 합니다. 내부에 주름이 많고, 주름 안에는 융털이 있어 영양소를 효과적으로 흡수합니다.

작은창자에서 흡수가 끝난 음식물 찌꺼기는 큰창자로 갑니다.

*대장(큰창자)이 하는 일

큰창자는 주로 물을 흡수하고 찌꺼기는 항문을 통해 내보는데, 이것이 대변입니다.

영양과 건강 ③ **식물에게까지도 꼭 필요한 영양소는 무얼까**

영국인들은 정말 시체를 파헤쳤을까

1700년대 후반, 영국의 요크셔 지방에 사익스라는 이름의 귀족이 살고 있었습니다.

사익스는 경주용 말을 키우며 사냥을 즐기는 평범한 사람이었습니다. 그런데 어느 날, 사익스는 집 앞마당에 난 잡초를 뽑으며 잔디를 깎다가 조금 특별한 점을 발견했습니다.

"휴우! 이곳은 왜 이렇게 다른 곳보다 잡초가 무성할까?"

한숨을 내쉬며 돌아보니 그곳은 다름 아닌 사익스의 사냥개들 집 앞이었습니다.

개 집 앞은 지저분했습니다. 개들이 땅을 파헤쳐 놓은데다가 개들이 먹다가 놓아둔 뼈가 여기저기에 널려 있었습니다.

"허허, 이런 지저분한 녀석들……."

사익스는 개들을 한쪽으로 내몰며 혀를 찼습니다. 이때까지만 해도 별 생각이 없었습니다. 그런데 다음 순간, 개들이 먹다 버린 뼈를 치우던 사익스의 머릿속에 문득 어떤 생각이 스쳐 지나갔습니다.

"혹시 이 뼈들 때문이 아닐까?"

사익스는 특히 개집 앞에 유난히 잡초가 무성히 자란 이유가 개들이 먹다 버린 뼈 때문일지도 모른다는 생각이 들었습니다. 그래서 망치를 가져와 뼈를 잘게 부순 뒤 가루로 만들어 다른 잔디밭 한쪽에 뿌려 놓았습니다.

몇 달 뒤, 사익스는 자신의 추측이 맞았다는 것을 알았습니다. 뼈를 뿌려 놓은 곳이 다른 곳에 비해 잡초가 무성했던 것입니다.

"이보게. 짐승의 뼈를 갈아 자네의 밭에다 한번 뿌려 보게. 곡식이 아주 잘 자랄 걸세."

뜻밖의 발견을 하게 된 사익스는 농사를 짓는 농부들에게 찾아가 말했습니다. 하지만 농부들은 한결같이 그를 비웃었습니다.

"허허, 별 이상한 사람을 다 보겠네. '뼈가 되면 아무 소용이 없다'는 속담도 모르나?"

"그러게 말일세. 농사라곤 평생 한 번도 지어보지 않은 귀족이란 작자가 농사에 대해서 무얼 안다고 저러고 다니느냐 말일세."

하지만 사익스는 실망하지 않았습니다. 오히려 재미있는 발견이라고 생각하며 직접 곡식을 가꾸어 보기로 결심했습니다.

과연 사익스의 예측은 빗나가지 않았습니다. 동물 뼈를 갈아서 밭에 뿌리자 다른 사람의 밭에서보다 훨씬 좋은 열매가 열리는 것이었습니다.

그제야 농부들은 사익스의 말이 거짓이 아니라는 것을 깨닫게 되었습니다. 이 소문은 삽시간에 영국 전체로 퍼져나갔고 사익스처럼 동물 뼈를 갈아 밭에 뿌리는 사람이 많아졌습니다. 심지어 뼈를 갈아 비료로 만드는 공장이 생겨날 정도였습니다.

1837년의 어느 날이었습니다. 이때 이미 대부분의 영국 농부는 뼈를 갈아 밭에 뿌려 농사를 지었습니다. 그런데 런던에서 그리 멀지 않은 곳에 살던 농부 로즈는 한 가지 고민에 빠졌습니다.

이거 알면 더 재미있어요 — 고마운 칼슘

우리의 몸을 유지하는 영양소 중에 칼슘이라는 것이 있습니다. 칼슘은 특히 뼈와 관련이 있어서 뼈를 튼튼하게 하고 성장하게 합니다. 그래서 사람은 물론 뼈가 있는 동물들은 멸치와 같은 생선을 많이 먹어야 뼈가 튼튼해지고 잘 자랍니다. 이렇게 성장한 뼈가 땅속으로 들어가면 석회질 비료(칼슘비료)의 역할을 해서 식물을 아주 잘 자라게 합니다. 토양의 성질을 바꾸어야 할 경우에도 칼슘이 필요합니다. 그래서 조개껍데기를 갈아서 다른 비료와 섞어서 쓰기도 한답니다. 이처럼 동물의 뼈는 칼슘이 풍부하여 비료로 이용된답니다.

'음. 뼛가루가 틀림없이 농작물의 수확에 도움을 주기는 하지만 너무 느려. 좀더 빠르게 할 수는 없을까?'

하긴 그랬습니다. 뼛가루가 식물의 성장에 중대한 영향을 미치는 비료 구실을 톡톡히 했지만 그것이 땅속에서 분해하여 다시 식물의 영양분으로 흡수되기까지는 시간이 상당히 많이 걸렸습니다.

'방법이 있을 거야, 방법이……'

로즈는 한동안 그 방법을 찾기 위해 머리를 싸매고 연구했습니다.

마침내 로즈는 뼛가루를 산성 용액에 녹여 쓰면 효과가 몇 배나 커진다는 것을 발견했습니다. 이것이 다름 아닌 과인산석회였는데, 효과가 4배 이상이나 되었습니다.

로즈는 서둘러 인조비료를 만드는 공장을 차렸습니다. 비슷한 시기에 독일의 리비히라는 사람도 이런 사실을 발견했습니다.

로즈의 인조비료 공장은 점점 더 커졌고, 로즈는 어마어마한 부자가 되었습니다.

그러던 어느 날이었습니다.

"아아. 뼈가 모자라요."

하루는 공장에서 일하는 직원 한 사람이 로즈에게 달려와 말했습니다.

"뼈가 모자라면 공장을 돌릴 수 없네. 어떻게든 뼈를 구해야 해."

로즈의 말에 공작 직원들은 전국의 도살장과 계약을 맺고 뼈를 사들이기 시작했습니다. 하지만 그것도 충분하지 않았습니다.

'대체 어디서 뼈를 구한다지?'

그런데 바로 그 무렵, 로즈의 주변에 이상한 소문이 돌았습니다.

"이보게, 로즈가 이젠 뼈가 모자라니까 사람의 뼈로 비료를 만든다네."

"나도 그 소문 들었네. 죽은 사람의 시체를 사서 그 뼈를 갈아 비료를 만든다는데, 정말 끔찍한 일이군."

말 그대로 끔찍한 소문이었습니다.

아니, 그보다 더 어처구니없는 말이 독일의 리비히에게서 튀어나왔습니다. 그는 아예 많은 사람 앞에서 공개적으로 외쳤습니다.

"여러분, 영국의 로즈라는 자는 인공비료를 만들기 위해서 사람의 뼈를 구해다 쓴다고 합니다. 얼마 전에는 전쟁터였던 곳을 파헤쳐 죽은 군

인들의 뼈를 추려서 갔다고 합니다. 뿐만 아니라 시칠리아에서는 영국인이 공동묘지에서 해골을 꺼내 달아나는 것을 본 사람이 있습니다. 이제 로즈는 뼈를 얻기 위하여 우리들의 목숨까지 노릴지 모릅니다."

리비히는 뼈를 산에 녹여 더 질 좋은 비료를 만들 수 있는 비결을 자신이 생각해 낸 것이라고 믿었는데, 오히려 로즈가 많은 돈을 벌자 믿을 수 없는 소문을 바탕으로 그런 말을 퍼트린 것입니다.

그런 소문은 리비히가 입을 다문 뒤에도 그치지 않았습니다. 1856년에는 많은 사람이 보는 잡지에도 그런 이야기가 실렸습니다.

나는 로즈의 공장에 다녀온 적이 있는데, 하루는 수십 대의 트럭이 뼈를 싣고 공장으로 들어오는 것을 본 일이 있다. 그런데 그 뼈들 중 상당수는 사람의 뼈라는 것을 알아차릴 수 있었다.

나는 로즈의 공장에 쌓여 있는 수많은 뼈더미 속에서 사람의 둘째손가락 마디를 본 일이 있다.

얼마 전에는 비료공장의 직원들이 군인이 많이 전사한 마을을 돌아다니며 죽은 시체를 파헤쳤다는 소문을 들었다.

그런 소문들은 꼬리에 꼬리를 물었습니다.

과연 로즈는 사람의 뼈까지도 비료를 만드는 데 썼을까요? 그러나 그것은 아무도 알 수 없었습니다. 소문은 끊임없이 떠돌았고, 경찰이 은밀한 조사를 벌이기도 했지만 결국 알아낸 것은 아무 것도 없었으니까요.

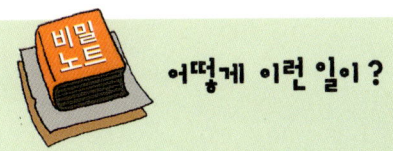

어떻게 이런 일이?

칼슘이 이렇게 많은 일을 하다니

뼈와 칼슘은 어떤 사이일까요? 물론 떼려야 뗄 수 없는 사이이지요. 바늘 하면 실이 떠오르지요? 그러면 뼈 하면 떠오르는 것은? 바로 칼슘이랍니다. 체내의 칼슘 중 뼈 속에 있는 칼슘의 양은 자그마치 99퍼센트. 이 사실만으로도 칼슘과 뼈가 얼마나 긴밀한 관계인지 짐작할 수 있지요? 우리 몸에는 1.5~2킬로그램의 칼슘이 들어 있습니다. 칼슘은 음식을 먹음으로써 소장에서 몸으로 흡수되지요. 음식을 통해 들어간 칼슘이 몸에 흡수되는 비율은 대략 1/3 정도예요. 이렇게 흡수된 칼슘은 신장에서 소변으로 곧 나가 버리는 것도 있지만 대부분 뼈에 남게 된답니다. 몸 밖으로 나가는 칼슘은 하루 평균 대변으로 400밀리그램, 소변으로 200밀리그램 정도예요. 그래서 우리는 매일 600밀리그램의 칼슘을 보충해 주어야 한답니다. 뼈는 칼슘 덕분에 단단하고 강해지며 무거운 몸을 지탱할 수 있어요. 바다물고기는 칼슘 걱정이 없대요. 왜일까요? 이유는 바닷물 속에 많은 양의 칼슘이 있기 때문이지요. 물고기들은 혈액 중에 칼슘이 부족하면 아가미 호흡으로 칼슘을 공급받는답니다. 물고기는 칼슘 부족보다 과잉이 되는 것을 방지하는 기능이 더 중요하대요.

사람이나 동물의 뼈에 든 칼슘은 식물이 자라는 데 없어서는 안 될 중요한 영양분이에요. 식물이 자랄 때 칼슘이 부족하면 여러 병에 걸리고 저항력이 떨어져서 쉽게 죽어 버려요. 따라서 칼슘은 사람, 동물, 식물에게 아주 중요한 영양분이라고 할 수 있지요.

그래서 뼈가 바로 비료가 될 수 있는 것이랍니다. 뼈는 물에는 잘 녹지 않으나 강한 산에는 잘 녹는데요. 그래서 강한 산에 뼈를 녹인 후 식물에 비료로 사용하면 효과가 훨씬 빠르답니다.

화산활동의 영향 ① 기후 변화

어, 여름이 어디로 갔지?

    1816년 5월, 미국 동부 지역에서 봄이 되자 꽃이 피기 시작했습니다. 이곳은 수많은 꽃이 여러 색으로 피어나 아주 아름다웠습니다. 겨우내 따뜻한 곳으로 떠났던 철새도 돌아오고, 사람들은 움츠렸던 어깨를 펴고 들판으로 나섰습니다.

    "올해는 밀을 더 많이 심어야겠어."

    "암, 그래야지. 작년에는 농사를 망쳤으니 올해는 꼭 곡식을 많이 거두어야 한다고."

사람들은 하나같이 다짐했습니다. 그럴 만도 한 것이 지난해에는 지나치게 비가 오지 않아서 농사가 제대로 되지 않았습니다. 그 때문에 사람들은 겨울 내내, 밀이 가뭄에도 잘 버티는 방법을 연구했고, 그럭저럭 좋은 효과도 얻어냈습니다.

사람들은 다른 어느 때보다 더 열심히 일터에서 일했습니다.

그런데 6월 초의 어느 날, 뜻밖의 일이 벌어지고 말았습니다. 이른 아침 밭으로 나가기 위해 집을 나서던 농부들은 깜짝 놀랐습니다.

"앗, 이게 뭐야!"

"헉. 갑자기 다시 겨울이 왔어."

어처구니없는 일이었습니다. 점점 따뜻해져야 할 날씨가 돌연 차가워진 것입니다. 기온만 낮은 게 아니라 서리가 내리고 찬바람마저 매섭게 불었습니다.

"이, 이게 무슨 일이지?"

"미쳤어. 날씨가 미쳤다고."

"설마, 잠깐 이러다가 괜찮아지겠지."

사람들은 걱정을 하면서도 날씨가 곧 좋아지리라 생각했습니다.

그러나 아니었습니다. 다음날에는 눈보라까지 거세게 휘몰아쳤고, 눈이 30센티미터나 쌓인 뒤에야 겨우 그쳤습니다. 그런 뒤에도 추운 날씨는 계속되었습니다.

"큰일 났어요. 곡식이 다 얼어 죽고 말 거예요."

결국 모든 곡식은 얼어 죽고 말았습니다. 밭을 찾은 양들도 살아남지 못했고, 다른 가축들도 갑자기 몰아닥친 추위에 숨을 거두었습니다. 뿐만 아니라 동부 지역을 찾은 철새들도 느닷없는 추위에 수천 마리가 얼어 죽었습니다.

알 수 없는 일이었습니다. 추위는 6월이 다 가도록 그치지 않았습니다. 맑은 날도 많지 않았습니다. 그래서 어떻게든 곡물을 심어보려고 노력하던 사람들은 번번이 실패하고 말았습니다.

7월이 되어도 날씨는 따뜻해지지 않았습니다. 8월이 다 지나도록, 아니 9월이 지나갈 무렵에도 추위는 여전했습니다. 결국, 마을은 여름이 없는 채로 다시 겨울이 되었습니다.

이때부터 이상한 소문이 나돌기 시작했습니다.

"대체 날씨가 이런 이유가 뭐야?"

"이것 보게, 이 모든 게 벤자민 프랭클린 때문이라는군."

"뭐라고? 벤자민 프랭클린이 어쨌기에?"

"몰라서 묻나? 프랭클린이라는 자가 동네 곳곳에 피뢰침인가 뭔가를 꽂아 놓지 않았는가. 바로 그것 때문이라는 거야."

이 무렵 프랭클린은 번개를 막기 위해 전국에 피뢰침을 수도 없이 세워 놓았는데, 바로 이 피뢰침이 땅과 하늘의 따뜻한 공기를 모두 빼앗아 갔다는 말이었습니다.

"맞아, 그 때문이 틀림없어."

사람들은 점차 그 말을 믿기 시작했습니다. 그럴 수밖에 없었습니다. 다른 어떤 설명으로도 갑작스레 여름이 없어지고 여름에 겨울 날씨가 돼 버린 것을 설명할 수가 없었던 것입니다.

그런데 프랭클린은 고개를 저었습니다.

"아닙니다. 그럴 리 없습니다. 피뢰침이 공기 중의 기운을 빼앗는다는 것은 말도 되지 않아요."

하지만 사람들은 따졌습니다.

"그럼, 갑자기 겨울이 없어진 이유를 어떻게 설명할 것이오?"

그 말에는 프랭클린도 할 말이 없었습니다.

'아니야. 절대 피뢰침 때문은 아니야. 뭔가 다른 이유가 있을 거야.'

프랭클린은 곰곰이 생각했습니다. 온갖 책을 뒤지고 이곳저곳을 돌아다니며 원인이 될 만한 증거들을 찾기 시작했습니다.

그러던 어느 날, 프랭클린은 사람들에게 이렇게 말했습니다.

"동부 지역에 여름이 없어진 것은 먼지 때문입니다. 틀림없습니다."

참으로 엉뚱한 말이었습니다. 다른 이유도 아니고 먼지 때문이라

이거 알면 더 재미있어요 — 벤자민 프랭클린

벤자민 프랭클린은 전기 실험으로 유명한 과학자입니다. 특히 우레가 전기라는 것을 실험으로 증명하고, 피뢰침을 발명하여 벼락의 피해로부터 사람들을 보호하는 데 결정적인 공헌을 했습니다. 그 덕분에 영국왕립협회의 회원이 되었습니다. 그러나 프랭클린은 엉뚱한 오해에 시달리기도 했습니다. 그가 세운 피뢰침 때문에 기후가 바뀌고 땅에 좋지 않은 일들이 생긴다는 것이었습니다. 그 때문에 그는 자신의 피뢰침이 무죄임을 증명(?)해야 했습니다. 정작 기후에 영향을 미치는 건 피뢰침 때문이 아니라 먼지와 공해 때문이었습니다. 우습게 보이는 먼지가 따뜻한 지방을 추운 지방으로 만들어 한여름에 눈을 내리게 하기도 한답니다.

니……. 사람들은 도저히 웃기지도 않는 말이라 여겼습니다.

"프랭클린은 엉뚱한 소리 하지 마시오."

"그래요. 먼지는 어디에나 있는 것인데, 어떻게 먼지가 기온을 떨어뜨린단 말이에요?"

사람들은 프랭클린이 자신의 책임을 회피하려 한다고 생각했습니다. 그 때문에 더더욱 프랭클린을 욕하고 비난했습니다.

하지만 프랭클린은 사람들에게 말했습니다.

"그냥 먼지가 아니에요. 바로 화산먼지입니다. 화산먼지가 태양을 가렸기 때문입니다."

그 말에 사람들은 더더욱 프랭클린을 비난했습니다.

"프랭클린, 당신은 정말 나쁜 사람이군요. 이 주위에서는 최근에 화산이 폭발한 적이 없어요. 아니 주변 몇 백 킬로미터 안에는 화산이라고는 없단 말입니다."

틀린 말이 아니었습니다. 동부 지역에는 그 해에, 아니 몇 년 전에도 화산이 폭발한 적이 없었습니다. 그런데 화산먼지 때문이라니 도저히 그 말을 곧이들을 수가 없었던 것입니다.

그런데 바로 그 무렵, 몇 명의 과학자가 뜻밖에도 프랭클린의 말을 지지했습니다.

"프랭클린의 말이 맞습니다. 동부 지방에 여름이 사라져 버린 것은 바로 화산먼지 때문입니다."

그러자 농부들이 들고 일어났습니다.

"과학자들은 정말로 모두 한 통속이군."

"도무지 과학자들을 믿을 수가 없어. 분명 우리 지역에는 화산이 폭발한 적이 없는데 자꾸 엉뚱한 소리만 한단 말이야."

사람들은 과학자들을 멀리 하기 시작했습니다. 누구보다 정확하고 빈틈없어야 할 과학자들이 거짓말을 한다고 생각했습니다.

과학자들은 마을 사람들에게 말했습니다.

"물론 우리 지역에서 화산이 폭발한 적은 없습니다. 우리 과학자들이 말하는 화산 폭발은 1815년 4월 5일에 동인도제도의 탐보라 산에서 일어난 화산 폭발을 말하는 것입니다."

"뭐, 뭐라고요? 동인도제도라면 지구상에서 우리와 정반대편에 있는 곳 아니요? 어떻게 그런 일이 가능하단 말이오?"

농부들은 과학자들의 말을 갈수록 믿을 수 없었습니다.

"가능합니다. 탐보라 산에서 일어난 화산 폭발 때문에 발생한 먼지가 하늘 위로 솟아올라 그곳으로부터 수백 마일 떨어진 곳의 하늘까지 뒤덮어버린 것입니다. 즉 이 화산먼지가 지구를, 특히 미국의 동부 지역 쪽을 두껍게 감싸는 바람에 이쪽의 태양빛을 가로막아 겨울날씨가 되었던 것입니다."

그제야 사람들은 조금씩 믿기 시작했습니다.

그나마 미국의 동부 지역은 나은 편이었습니다. 똑같은 일이 스위스에서도 발생했는데, 이곳은 훨씬 심각하여 농사를 망친 것은 말할 것도 없고 사람들이 몇 년째 굶어죽기까지 했습니다. 실제로 많은 사람이 너무나 배가 고파 키우던 고양이까지 잡아먹었다고 합니다.

화산재의 위력은 그토록 엄청난 것이었습니다.

어떻게 이런 일이?

놀라운 화산 폭발의 위력

화산이 폭발하면 무시무시한 불덩이가 솟구칩니다. 동시에 아주 뜨거운 용암이 흘러내려 집과 나무를 모두 집어삼키는 등 그 지역에 막대한 피해를 입히기도 해요. 그러나 뜨거운 용암으로 입는 피해는 아주 작은 부분에 지나지 않는답니다. 오히려 화산이 폭발하면서 뿜어져 나온 화산재와 먼지가 지구 날씨에 커다란 영향을 끼쳐서 더욱 많은 피해를 준대요.

화산이 폭발하면 기온은 과연 어떻게 바뀔까요? 화산이 분출할 때 나오는 분출물은 건물을 뒤덮어 사용할 수 없게 하는데다 농경지 등을 뒤덮어 생물을 죽게 하거나 쓸모없는 땅으로 만듭니다. 뿐만 아니라 분출물로 인해 불이 나서 많은 재산과 인명 피해도 생기게 된답니다.

화산성 지진이 일어나면, 지면이 갈라지거나 해일이 일어나고 폭풍이 부는 등의 피해를 입게 되고, 화산이 분출할 때 나오는 화산 가스가 오랫동안 하늘을 덮어 햇빛을 차단하여 그 지역의 기후를 변하게 한답니다.

그러면 화산은 우리에게 피해만 줄까요? 아니에요. 우리가 활용하는 면도 있답니다.

화산이 활동할 때의 광경을 관광자원으로 이용거나, 화산 분출물을 이용하여 여러 물건을 만들어 판매하기도 합니다. 예로 제주도의 돌하르방, 화산 쇄설물(화산 폭발 때 생긴 자잘한 파생물들) 등을 들 수가 있어요. 지열을 이용하여 지열 발전소를 만들기도 하고, 건축에 쓰이는 여러 가지 돌, 황 등의 자원을 얻기도 하지요. 과학자들은 화산이 터지면 지구 내부의 물질을 알 수 있게 됩니다.

이러한 화산활동은 어디에서 일어날까요? 화산활동은 태평양 주위와 지중해, 중앙아시아 지역에 좁은 띠 모양으로 집중되어 있는데, 이러한 지대를 화산대라고 합니다. 현재 전 세계에서 활동하는 화산은 800여 개이며, 그 중에 60퍼센트 가량이 태평양 가장자리에 집중되어 있어요. 이런 화산대와 지진이 많이 일어나는 지진대는 거의 일치한답니다.

화산활동의 영향 ② **움직이는 땅**

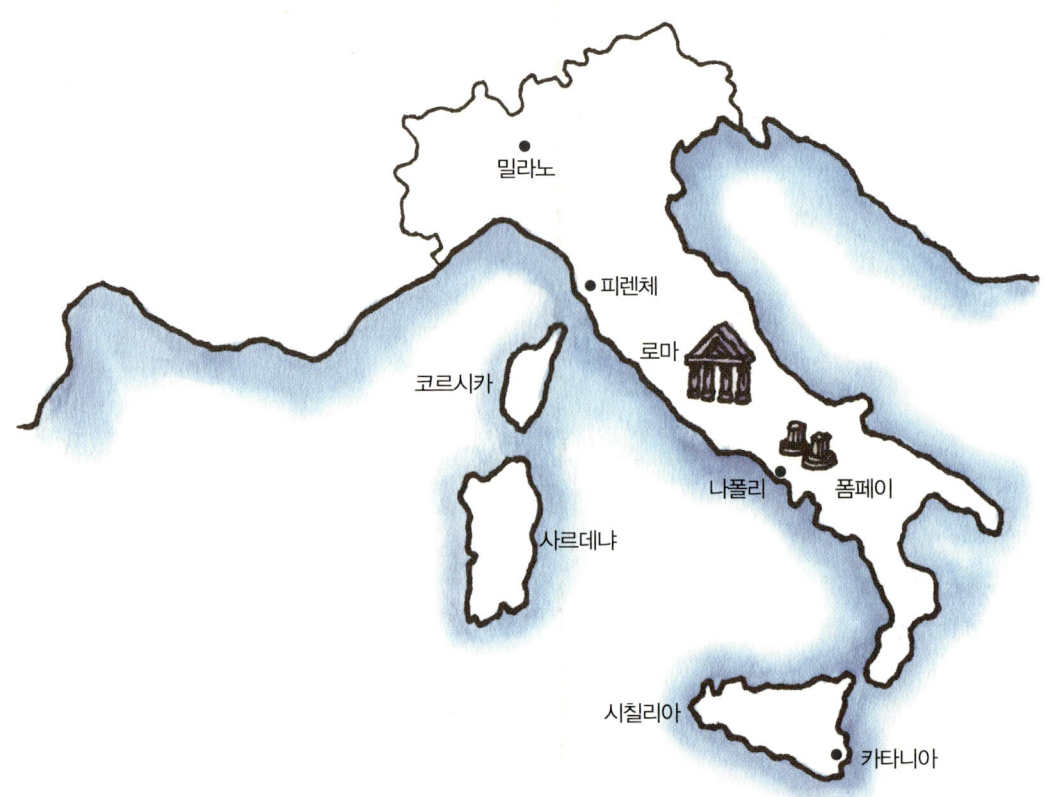

폼페이 최후의 날

79년 8월 24일 아침, 로마 제국의 남쪽에 있는 베수비오 산이 조금씩 흔들렸습니다. 원래 베수비오 산은 포도밭이 많아 기름진 땅으로 불렸습니다.

"땅이 조금씩 흔들리는 것 같지 않아요?"

"이것 봐요. 포도가 저 혼자서 떨어져요."

농부들은 옹기종기 모여 이야기를 나누었습니다. 그런데 바로 그 순간, 또 다른 농부 하나가 소리쳤습니다.

"저것 좀 봐요. 산에서 연기가 나요."

놀란 농부들이 산을 올려다보았습니다. 과연 산꼭대기에서는 검은 연기가 피어오르고 있었습니다. 그러더니 잠시 후에는 연기가 온통 하늘을 뒤덮었습니다.

아니, 그 정도는 아직 놀랄 만한 일이 아니었습니다. 얼마의 시간이 더 지났을 때, 농부들은 무시무시한 광경을 보았습니다. 검은 연기를 내뿜던 베수비오 산 꼭대기에서 이번에는 시뻘건 불기둥이 솟아올랐습니다. 동시에 땅의 흔들림도 더 심해졌습니다.

정오가 지났을 무렵, 베수비오 산에서는 폭발소리가 들리기 시작했고, 거대한 불기둥은 더욱 더 높이 치솟아 올랐습니다.

이윽고 뜨거운 화산재가 거리를 휩쓸기 시작했습니다. 돌덩이가 하늘을 날아다녔고 용암이 끓어올라 마을로 흘러내렸습니다. 거리는 곧 끓는 용암으로 가득 들어찼습니다. 그러더니 나중에는 지독한 독가스까지 뿜어져 나왔습니다. 그것들은 폼페이와 에르콜라노 마을에 집중적으로 밀려들었습니다.

이내 사람들이 화산재와 용암 속에서 목숨을 잃었습니다. 여기저기서 살려달라고 아우성이었지만 그 소리를 듣고 달려가는 사람은 아무도 없었습니다. 우선 자기 목숨부터 건져야 했기에 귀중한 것까지 버리고 달아나는 터였습니다. 병사들은 구조대를 만들어 사람들을 구하려 애썼지만 소용이 없었습니다.

다음 날, 한 번 더 거대한 폭발과 지진이 마을을 휩쓸었습니다.

폼페이에 이제 남은 것은 없었습니다. 집은 모두 무너졌고, 사람은 물론이요 짐승 한 마리, 풀 한 포기도 살아남지 못했습니다. 폼페이에 있던

모든 것은 고스란히 화산재 속에 묻혀 버렸습니다.

그로부터 약 1,800년이 지난 어느 날(1860년)이었습니다. 이탈리의 고고학자 피오넬리 교수는 아주 뜻밖의 고서(古書, 오래된 책)를 읽게 되었습니다. 플리니우스라는 사람이 쓴 책이었는데, 그 책에서 피오넬리 교수는 믿을 수도 믿지 않을 수도 없는 글귀를 발견했습니다.

79년 8월 24일, 베수비오 화산에 엄청난 폭발이 있었다. 거대한 불기둥과 연기가 하늘을 뒤덮었으며 산의 절반이 날아갔다. 용암이 끓어 넘쳐 폼페이와 에르콜라노 마을을 덮쳤다. 워낙 순식간에 일어난 일이라 살아난 사람은 거의 없었다.

피오넬리 교수는 그 글을 읽고 밤잠을 이루지 못했습니다.
'그렇다면, 그때 용암과 화산재에 뒤덮인 마을이 이곳 어디……?'

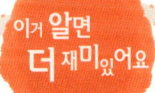

화석

화석이란 아주 오랜 옛날에 살던 동물이나 식물이 용암 등에 의해 순간적으로 매몰되어 그 흔적의 전부 혹은 일부가 남아 있는 것을 말합니다. 대체로 돌에 자국이 남은 형태로 발견됩니다. 이를 통해 당시에 살던 동식물이 어떤 것이었는지 등에 대한 소중한 정보와 자료를 얻을 수 있습니다. 폼페이는 갑작스러운 화산 폭발로 사람을 비롯한 동식물은 물론 집터까지도 일순간에 매몰되어 아주 오랜 시간 땅속에 묻혀 있다가 발견되었습니다. 우리나라에서도 공룡을 비롯한 온갖 종류의 화석이 발견되고 있습니다.

그런 생각에 골몰하던 바로 그 무렵, 피오넬리 교수는 뜻밖의 소문을 들었습니다.

"교수님, 폼페이에 사는 한 농부가 밭에서 우물을 파다가 사람의 다리를 발견했다는군요."

"사람의 다리라니? 무슨 살인사건이라도 일어난 모양이지?"

"그게 아니고 돌로 만든 것처럼 생겼는데, 돌도 아니고……. 어쨌든 그런 소문이 떠돈답니다."

순간 피오넬리 교수의 머릿속에 어떤 생각이 스쳐지나갔습니다.

피오넬리 교수는 그날로 폼페이로 달려갔습니다. 그리고 농부가 발견했다는 사람의 다리를 보았습니다.

'아아, 이것은…….'

그것은 틀림없는 사람의 다리였습니다. 돌로 만든 것도 아니었습니다. 그것은 분명, 멀쩡한 사람의 다리가 무언가에 의해서 갑작스럽게 딱딱하게 굳은 것이었습니다. 바로 화석이었습니다.

'바로 이곳이구나.'

피오넬리 교수는 플리니우스의 책에 쓰여 있던 화산 폭발의 현장이 바로 그곳이라고 생각했습니다.

피오넬리 교수는 즉시 발굴을 시작했습니다.

과연 그랬습니다. 땅을 파고 들수록 옛날 사람들이 쓰던 물건과 심지어 음식까지 변하지 않은 채 발견되었습니다. 아마 화산재에 묻혀 있었기 때문에 그때의 모습을 고스란히 간직한 듯싶었습니다.

그런데 어느 날, 피오넬리 교수는 아주 뜻밖의 화석을 발견하였습니다.

"교수님, 저, 저것 좀 보세요."

한참 발굴에 열중하던 피오넬리의 조수가 무언가를 보고 놀라서 말했습니다. 조수의 얼굴은 하얗게 질려 있었습니다. 교수는 얼른 조수가 가리킨 쪽으로 달려갔습니다.

"어악!"

교수는 그것을 보고 그 자리에 털썩 주저앉고 말았습니다. 그것은 다름 아닌 어린 아이와 어머니의 화석이었습니다. 어머니가 어린 아이를 꼭 끌어안고 있다가 그대로 화산재에 덮여 버린 것이었습니다.

"아아. 대단한 어머니로구나. 아이를 구하려고 꼭 감쌌건만……."

교수는 중얼거리면서 화석이 된 아이와 어머니를 살펴보았습니다. 눈과 코, 귀와 입, 심지어 주름살까지 그대로 남아 있었는데 몹시 고통스러워하는 얼굴 표정이었습니다.

땅속에서 발견한 것은 그뿐이 아니었습니다. 발굴을 하다보니 파티를 한 흔적도 보였고, 목욕을 하는 모습의 사람 화석도 발견되었습니다. 달걀과 빵이며 고기까지 그대로 화석이 된 채 남아 있었습니다.

피오넬리 교수의 가슴을 뭉클하게 만든 것은 또 있었습니다. 바로 개와 아이였습니다. 아마 화산 폭발 속에서도 아이를 구하려고 했는지 개가 아이를 힘껏 품에 안은 채 화석이 되어 있었던 것입니다.

어떻게 이런 일이?

폼페이 화석이 살아 있다?

깊은 땅속에 있는 돌들은 뜨거운 열 때문에 녹아서 액체 상태입니다. 이러한 액체는 땅의 구멍이나 틈을 통하여 바깥으로 나오게 되는데 이것이 바로 화산이지요.

화산에 대한 위험성을 이야기할 때 빠지지 않고 나오는 이야기가 폼페이의 비극적인 이야기예요. 일상생활 모습을 그대로 간직한 채 화석으로 굳어져 버린 사람들, 얼마나 급작스러운 화산 폭발이었기에 미처 피하지도 못했을까요?

사실 폼페이 사람들은 그 일을 당하기 십수 년 전에도 베수비오 화산 폭발로 피해를 입은 적이 있었답니다. 하지만 그때는 화산재가 도시를 뒤덮을 정도는 아니었기에, 막상 또 한 번의 폭발이 있자 그저 화산 폭발에 동반된 지진이 지나가기만을 기다리며 피난을 늦추다 고스란히 생매장을 당한 것이라고 합니다.

그런데 폼페이의 화산 흔적을 보면 특이한 점이 있습니다. 화산 폭발이 일어나면 엄청난 화산재와 용암으로 인해 시신의 형태를 알아볼 수 없게 되는데 폼페이의 유적은 표정까지 살아 있을 정도로 너무나 생생하게 하게 남아 있다는 것이죠. 어떻게 폼페이의 유적들은 최후 순간까지 그렇게 생생하게 남아 있을 수 있었을까요?

그 이유로는 먼저 시신들이 거의 공기와 접촉하지 않았다는 점을 들 수 있습니다. 화산재가 순식간에 모든 것을 덮어 버렸기 때문에 대기 중에 떠다니는 미생물들이 시신을 분해할 기회를 갖지 못한 것이지요. 또 뜨거운 화산재와 고열의 유독가스가 사람 몸속에 있던 미생물까지 순식간에 제거해서 몸의 부패를 막을 수 있었답니다. 가장 결정적인 원인은 베수비오 화산이 용암을 내뿜는 화산이 아닌 폭발형 화산이었다는 것이랍니다.

오랜 세월이 흐르면서 이렇게 보존된 시신들은 다 삭아 없어졌지만, 그 형태가 화석으로 남아 당시의 생생한 현장을 지금까지 전해 주는 것입니다. 오늘날 폼페이 유적에서 볼 수 있는 인간 화석들 중 일부는 윤곽을 뚜렷이 보여 주기 위해 나중에 석고 같은 것을 부어 형체를 재현한 것이랍니다.

초판 1쇄 발행 | 2006년 4월 7일
초판 3쇄 발행 | 2007년 3월 20일

지 은 이 | 하늘매발톱
그 린 이 | 이우일
발 행 인 | 양원석
편 집 인 | 정석진
교정·교열 | 은수희
표지·본문 디자인 | 애드디자인(02-336-2823)
마 케 팅 | 송유근, 성진숙

펴 낸 곳 | 랜덤하우스코리아
주   소 | 서울시 강남구 삼성동 159번지 오크우드 호텔 별관 B2
전   화 | 02-3466-8859(내용), 02-3466-8955(구입)
찍 은 곳 | 대일문화사
등   록 | 2004년 1월 15일 제2-3726호
가   격 | 8,500원

ⓒ 랜덤하우스코리아(주) 2006
ISBN 89-91760-06-6
ISBN 978-89-91760-06-6

※ 이 책은 저작권 법에 따라 보호를 받는 저작물이므로 무단전재와 무단복제를 금지하며,
이 책 내용의 일부를 이용하시려면 반드시 저작권자와 랜덤하우스코리아(주)의 서면 동의를
받아야 합니다.

※ 잘못 만들어진 책은 구입하신 곳에서 교환해 드립니다.